依據國教院最新「國民小學科技教育及資訊教育課程發展參考說明

課別	課程名稱	統整課程	學習重點
一	認識多媒體與威力導演	綜合活動 藝術	資議 t-III-1 運用常見的資訊系統。 資議 t-III-3 運用運算思維解決問題。 資議 a-III-3 遵守資訊倫理與資訊科技使用的相關規範。 綜 2c-III-1 分析與判讀各類資源，規劃策略以解決日常生活的問題。 藝 1-III-3 能學習多元媒材與技法，表現創作主題。
二	夏日嬉遊記	綜合活動 藝術	資議 p-III-2 使用數位資源的整理方法。 綜 2d-III-1 運用美感與創意，解決生活問題，豐富生活內涵。 藝 1-III-2 能使用視覺元素和構成要素，探索創作歷程。 藝 1-III-5 能探索並使用音樂元素，進行簡易創作，表達自我的思想與情感。
三	一個巨星的誕生	國語文 藝術	資議 t-III-2 運用資訊科技解決生活中的問題。 資議 p-III-2 使用數位資源的整理方法。 國 6-III-2 培養思考力、聯想力等寫作基本能力。 藝 1-III-3 能學習多元媒材與技法，表現創作主題。
四	守護地球你和我	社會 藝術	資議 p-III-2 使用數位資源的整理方法。 社 2a-III-2 表達對在地與全球議題的關懷。 藝 1-III-3 能學習多元媒材與技法，表現創作主題。
五	小小新聞主播台	社會 藝術	資議 p-III-2 使用數位資源的整理方法。 資議 a-III-1 理解資訊科技於日常生活之重要性。 社 2a-III-2 表達對在地與全球議題的關懷。 藝 1-III-3 能學習多元媒材與技法，表現創作主題。
六	熱血青春全紀錄	藝術 國語文	資議 p-III-2 使用數位資源的整理方法。 藝 1-III-3 能學習多元媒材與技法，表現創作主題。 國 5-III-2 理解各種標點符號的用法與表達效果。
七	創意拼貼 Fun電影	藝術 綜合活動	資議 p-III-2 使用數位資源的整理方法。 資議 p-III-3 運用資訊科技分享學習資源與心得。 資議 a-III-3 遵守資訊倫理與資訊科技使用的相關規範。 藝 1-III-2 能使用視覺元素和構成要素，探索創作歷程。 綜 2c-III-1 分析與判讀各類資源，規劃策略以解決日常生活的問題。

本書學習資源

行動學習電子書

影音、動畫·高品質教學

完全教學網站

PowerDirector 21
威力導演 21

第1課　第2課　第3課　第4

第1課 - 認

本課電子書　本課成果

⬇本課範例素材

單元	頁次	教學與學習活動
1-1	P8	什麼是【多媒體】
1-2	P10	用影片說故事
1-3	P14	常見的多媒體編輯軟體
1-4	P15	認識【威力導演】
1-5	P16	【時間軸影片編輯器】介面介紹
1-6	P18	小試身手 - 照片變影片
1-7	P27	認識【素材】
1-8	P32	網路上的免費素材

模擬介面·互動學習

網站集成·補充教材

建立YouTube頻道

Google硬碟(雲端備份與分享)

根據十二年國教新課綱編寫，統整式課程設計。

校園國小

全書範例

第6課 | 第7課 | 第8課

威力導演

什麼是多媒體
編導影片的概念
【威力導演】
試身手做幻燈片秀影片
素材與如何取得

▶ 全課播放

課程資源	播放檔	時間
是多媒體	▶	00:51
	▶	01:54
	▶	03:36
	▶	00:22
【威力導演】介面	▶	01:09
	▶	05:49
格式與特點		
檔案的重要性	▶	02:32
體連連看		
是創用CC		
百科 - 五色鳥		
台灣社群		
源網站：	▶	01:40
- Lee Hansen		
- Pexels Videos		
- jamendo		
與音效 - YouTube		

課程遊戲‧高學習動機

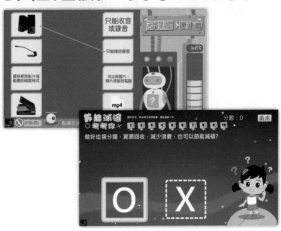

測驗遊戲‧總結性評量

範例練習用圖庫‧延伸學習、個別差異

主題照片

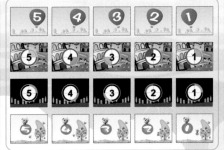

倒數圖片

片頭圖片

目 錄

統 整 課 程

4 守護地球你和我

社會　藝術

5 小小新聞主播台

社會　藝術

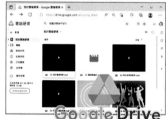

PowerDirector 21

1 認識多媒體與威力導演

-認識多媒體、素材與威力導演

PowerDirector 21

開麥啦！
Action！

統整課程

綜合　藝術　法治教育

核心概念

◎ 能具備學習資訊科技的興趣
◎ 具備科技表達與運算思維的基本素養
◎ 了解並欣賞科技在藝術創作上的應用

課程重點

◎ 知道什麼是多媒體
◎ 知道編導影片的概念
◎ 認識【威力導演】
◎ 小試身手做幻燈片秀影片
◎ 認識素材與如何取得
◎ 知道如何管理素材

什麼是【多媒體】

【媒體】就是用來傳遞【訊息】的方式，常見的有【文字】、【圖片】(影像)、【聲音】與【視訊】(動畫)。結合上述兩種以上的媒體素材來傳遞訊息，就稱為【多媒體】。

文字

運用在影片中當作【標題】、【字幕】或【註解】

可在影片中直接輸入，也可以事先用文書軟體 (例如：記事本、 Word、Writer) 預先打好備用。

圖片 (影像)

可用影像處理軟體美化或繪製圖片

常見的影像處理軟體：

▶ **PhotoCap** (免費軟體)

▶ PhotoImpact ▶ GIMP ▶ 小畫家

老師說

舉凡影片、簡報、卡通、遊戲、網站 (網頁) ...等形態，都屬於多媒體。藉由多媒體傳遞的訊息，可以引起興趣、幫助學習，也比較容易讓觀賞者 (使用者) 記住喔！

視訊 (動畫) 可用智慧型手機、數位相機、DV 或 Webcam 拍攝，傳輸到電腦

聲音 常用在影片中當作【背景音樂】、【音效】、【旁白】

常見的聲音編輯軟體：
▶ **Audacity** (免費軟體)
▶ Wave Editor ▶ GoldWave

多媒體影片

結合【文字】、【圖片 (影像)】、【聲音】、【視訊 (動畫)】製作出來的影片

常見的多媒體影片編輯軟體：

▶ **威力導演**

▶ 會聲會影 ▶ Canva (線上編輯影片網站)

2 用影片說故事

每個製作【多媒體影片】的人,都是小導演!要成為一個優秀的小導演,最基本的概念就是【用影片說故事】!

說什麼

就是想講什麼樣的故事,也就是【主題】。例如【我的麻吉】、【校園生活】、【看見臺灣】、【節能減碳】...等。

用什麼說

就是要使用什麼【素材】。例如:只用圖片嗎?還是圖片與視訊混用?素材需要加工嗎?需要字幕、旁白或背景音樂嗎?(包含蒐集、製作與整理素材)

怎麼說

就是如何在影片中編輯素材。例如:素材的排列順序、旁白或字幕出現的時間點、選用適合的特效...等等。

看 見 故 事

如何讓觀眾藉由【看】影片，就能【同步】進入你想表達的情境、劇情與場景，就是小導演最重要的任務囉！

影片，就是讓你可以

【看】見的故事！

開麥啦！
Action！

編輯影片時，可運用

文字 、 旁白 、
字幕 、 特效

來加強完整性與視覺效果。

夏日嬉遊記

 老 師 說

用影片講故事，是使用其他視覺元素無法達到的方式；結合照片、影片、文字或圖表等等，在編輯整合成多媒體影片之後，保持以動態視覺說故事的清新及趣味性，是最容易吸引人的。

🎯 編導影片的流程

製作【多媒體影片】必須有整體的規劃,才能清楚地傳達訊息。規劃順序簡單來說就是:【企劃】、【腳本】、【素材】與【編輯】

1 企劃
構思主題、
規劃影片內容
與所需素材。

2 腳本
影片裡面的場景、
素材播放順序、
旁白或字幕...等等。

3 素材
蒐集或製作素材,
並統一管理、
放在專用資料夾中。

4 編輯
啟動編輯軟體,
匯入素材開始編輯。
然後輸出成影片。

懂更多 用運算思維來創作

【運算思維】,簡單來說,就是用電腦的邏輯來解決問題的思維。內涵有很多層面,而本課就是以其中的【演算法】來進行的喔!

【演算法】就是將一切的過程,設計出能夠解決問題的步驟與規則;而流程圖(有各種樣式)是演算法的一種表現方式,有助於釐清事物的邏輯與步驟。最簡單的例子是:

我的起床到出門流程

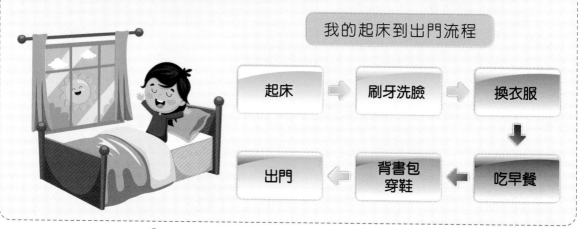

起床 ➡ 刷牙洗臉 ➡ 換衣服 ⬇ 吃早餐 ⬅ 背書包穿鞋 ⬅ 出門

如何編寫腳本

【編寫腳本】就是【說故事】。根據企劃主題,就可以做具體的腳本編寫囉!型態上大致有【分鏡腳本】與【文字腳本】兩種,例如:

分鏡腳本

腳本

影片主題:校園小主播　　　　　　　　製作人:王小宇

鏡次	畫面	說明	聲音(音樂)	秒數
1		片頭:圖片 標題: 校園小主播	秒針音效 片頭音效	8秒
2		打球:視訊 字幕: 籃球比賽	視訊聲音 背景音樂	5秒
3		小主播:圖片 字幕: 真是活力充沛 啊!	背景音樂	5秒
4		扯鈴:視訊 字幕: 大家一起學扯 鈴	視訊聲音 背景音樂	5秒
5		小主播:圖片 字幕: 只比我厲害一 點點!	背景音樂	5秒

在表格上簡單畫出關鍵段落的畫面,並加以簡述。

文字腳本

腳本

影片主題:校園小主播　　　　　　　　製作人:王小宇

鏡次	畫面	聲音(音樂)	秒數
1	標題:校園小主播 小主播張口說話,畫面有一台電視插畫的 自製圖片。	秒針音效 片頭音效	8秒
2	字幕:籃球比賽 同學在籃球場上打球、跑跑跳跳的視訊。	視訊聲音 背景音樂	5秒
3	字幕:真是活力充沛啊! 小主播照片,表情開心。	背景音樂	5秒
4	字幕:大家一起學扯鈴 學扯鈴校外教學視訊。	視訊聲音 背景音樂	5秒
5	字幕:只比我厲害一點點 小主播照片,表情有點臭屁。	背景音樂	5秒

在紙上或用文書軟體 (例如記事本、Word 或 Writer),寫上關鍵段落的畫面構想。

會畫圖的就畫圖,
不擅長畫圖的,
寫字也可以喔!

老師說

選用素材注意事項
素材的內容會影響影片的精彩度與適當性,因此要注意以下要點:

1 符合主題 **2** 尊重智慧財產權 **3** 禁止不雅相片、圖片與視訊

4 相片數量:每張相片展示時間約為 4~5 秒,根據影片長度,計算
　　　　　　該準備幾張相片

5 相片品質:像素品質至少要 800 x 600 以上

3 常見的多媒體編輯軟體

可編輯多媒體影片的軟體很多，有的甚至能直接在線上做編輯喔！
常見的有以下幾種：

【威力導演】
聽起來就很威！

會聲會影 (VideoStudio)

Canva (線上影片編輯網站)

4 認識【威力導演】

【威力導演】不僅能剪輯影片與照片(圖片)、插入音樂(音效)，還有超多特效與範本可套用！發揮創意，即可編輯出精彩的影片！

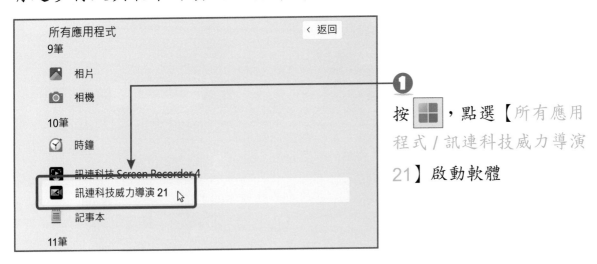

① 按 ▦，點選【所有應用程式 / 訊連科技威力導演 21】啟動軟體

② 有範本、影片顯示比例與兩種編輯模式可以選擇

A 範本

B 影片畫面顯示比例

功能最完整的是
時間軸影片編輯器模式！
讓我們以它為例，
來認識一下操作介面吧！

C 時間軸影片編輯器

D 幻燈片秀編輯器

5 【時間軸影片編輯器】介面介紹

在威力導演啟動後的選擇面板上,點選【時間軸影片編輯器】。

1 功能表

常用功能,有檔案、編輯、檢視、播放...等。

> 功能表右方,有專案名稱,若有星號 *,表示已修改,但尚未存檔。

2 工房項目

媒體工房

片頭影片工房

T 文字工房

轉場特效工房

fx 特效工房

覆疊工房(子母畫面)

炫粒工房

音訊混音工房

... 更多 (即時配音錄製工房、章節工房、字幕工房)

3 素材 / 特效顯示區

顯示素材 (媒體) 或特效清單

4 功能鈕

點選不同素材、特效後,會顯示不同的功能按鈕

熟悉各個工作區的功能，在編輯影片時，就會更得心應手喔！

5 時間軸

編輯影片的地方，允許多個視訊、音訊合成、剪輯。初始的軌道有：

視訊軌

音訊軌

| 00;00;00 | 00;50;00 |

上方的尺規上，可檢視時間、秒數

6 影片預覽區

按 ▷，播放

按 ‖，暫停

按 □，停止 (回到片頭)

按 ◁，上一個畫格

按 ▷，下一個畫格

按 ▷▷，向前快轉

按 🔊，調整音量

按 📷，拍攝視訊快照

按 ▤，設定預覽品質

按 ↗，取消固定預覽視窗

按 16:9 ∨，設定專案顯示比例

7 時間軸顯示比例

按 ⊖、⊕，或拖曳 ◯，縮放時間軸的顯示大小

6 小試身手 - 照片變影片

除了【時間軸影片編輯器】，還有其他範本與模式可以使用(其中也包含了畫面顯示比例的選擇喔！)。在小試身手前，讓我們也一併了解、比較一下吧！

範本

提供已完成編輯的影片原始檔，可讓你隨意更換影片、圖片、添加特效 ...，**省時又省力**。

時間軸影片編輯器

可匯入圖片與視訊、點選樣式、插入音樂、自訂視訊聲音與音樂的比重，與影片長度。
可以 **簡單快速** 完成編輯！

幻燈片秀編輯器

匯入照片(圖片)、點選想要的樣式、插入背景音樂，簡單、快速地讓 **照片變影片**！

畫面顯示比例

設定影片的畫面顯示比例：

提供各種影片畫面顯示比例選擇，最常用的是【4:3】與【16:9】

啓用【幻燈片秀編輯器】與匯入照片

想將手邊的照片製作成簡單的幻燈片，使用【幻燈片秀編輯器】就對啦！彈指之間，照片變影片，超簡便！

照片變影片！

為了方便練習，在電腦的【文件】資料夾 (或老師指定資料夾) 中建立一個【範例】資料夾，再把本書會用到的素材，複製進去備用吧！

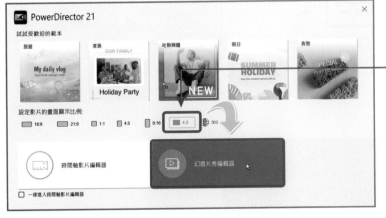

① 啟動威力導演，先點選【4:3】，再按【幻燈片秀編輯器】模式

② 按【匯入圖片】

❸

點選【匯入圖片檔案】

小提示

點選【匯入圖片資料夾】
，可以點選資料夾，一次
匯入裡面的所有圖片。

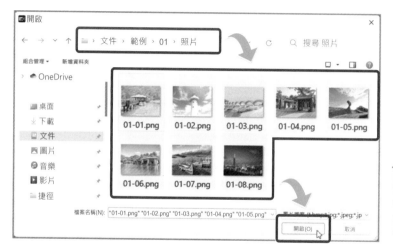

❹

開啟【文件/範例/01/照
片】，然後按 Ctrl + A
全選後，按【開啟】

小提示

按住 Ctrl ，再點選，可
挑選想要的照片。

按住縮圖拖曳變換位置
，可自訂播放順序。

❺

照片就匯進來囉！

小提示

若還想匯入更多的圖片，
可以再按【匯入圖片】，
繼續匯入。

❻

接著按【下一步】，準備
挑選樣式

挑選樣式與匯入背景音樂

① 拖曳捲軸,可瀏覽所有樣式。點選【一般】樣式

② 按 ♪ 【選取背景音樂】

③ 按

(按 可匯入自備的音樂喔!)

讓我們匯入內建的音樂吧!

④ 先點選【喜劇】類型,再點選【Aloa Summer】

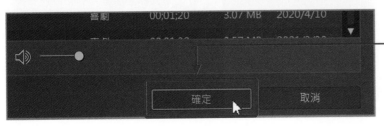

⑤ 接著按【確定】

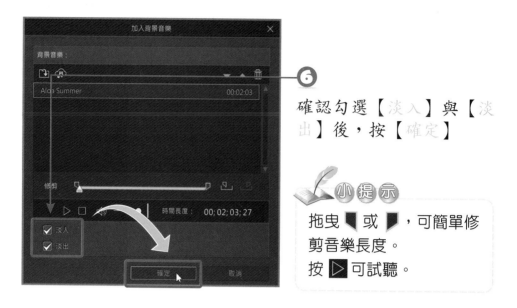

確認勾選【淡入】與【淡
出】後，按【確定】

小提示

拖曳 ◤ 或 ◥，可簡單修
剪音樂長度。
按 ▷ 可試聽。

🎯 設定【音樂配合圖片】

讓【音樂配合圖片】，可以保證每張圖片都能被播放；反之，若【圖
片配合音樂】，可能會重複播放部分圖片。你可視需要來選擇。

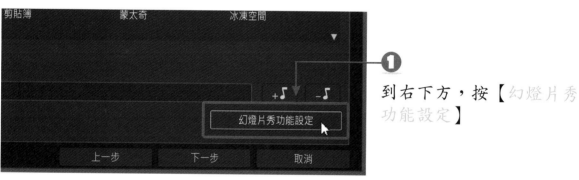

❶
到右下方，按【幻燈片秀
功能設定】

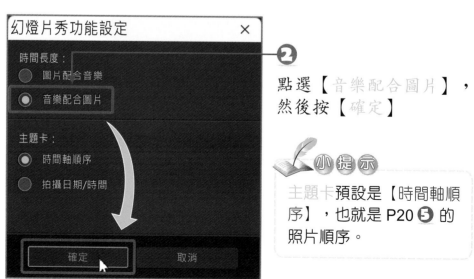

❷
點選【音樂配合圖片】，
然後按【確定】

小提示

主題卡預設是【時間軸順
序】，也就是 P20 ❺ 的
照片順序。

◎ 預覽影片

❶ 按【下一步】

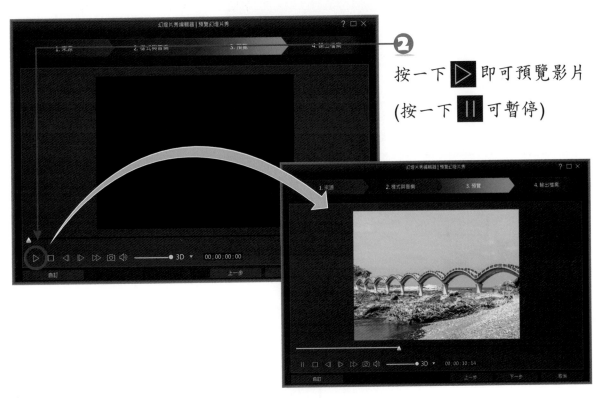

❷ 按一下 ▷ 即可預覽影片

(按一下 ▍▍可暫停)

◎ 輸出影片

❶ 按【下一步】

❷

按【輸出影片】

為了方便練習，請預先建
立資料夾：【文件】→【
成果】→【01】資料夾。

❸

設定格式：

Ⓐ 點選【標準 2D / AVC】

Ⓑ 副檔名點選【MP4】

Ⓒ 品質點選【MPEG-4
640 x 480 / 30p】或想要
的更高品質

因為只是練習，這裡選擇檔
案較小的普通品質即可。

Ⓓ 接著按 ▦ ，準備指定
儲存資料夾

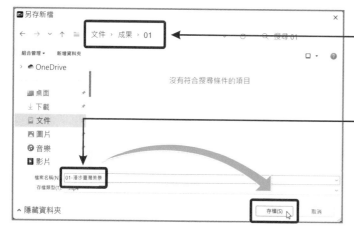

❹

開啟儲存資料夾【文件 /
成果 / 01】

❺

檔名輸入【01-漫步臺灣
美景】，然後按【存檔】

❻

若想一邊輸出一邊預覽，
可勾選【輸出檔案時啟用
預覽】

接著按【開始】，就會開
始輸出

⑦ 輸出完成，按【開啟檔案位置】

⑧ 點兩下檔案，就會以電腦預設軟體開啟、播放影片囉！

🎯 匯出專案資料 (含專案檔)

① 視窗回到威力導演，然後按【返回編輯】

> 將編輯成果匯出專案資料到專用資料夾 (含儲存一份 pds 格式專案檔)，就可隨時開啓專案來繼續編修。

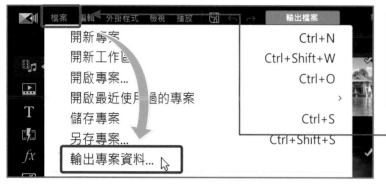

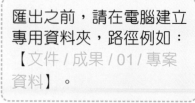

匯出之前，請在電腦建立專用資料夾，路徑例如：【文件 / 成果 / 01 / 專案資料】。

2 到左上方功能表，按【檔案 / 輸出專案資料】

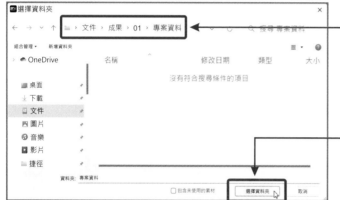

3 開啟【文件 / 成果 / 01 / 專案資料】資料夾 (或老師指定資料夾)

4 按【選擇資料夾】，就會開始輸出 (儲存) 專案資料

在專案資料中已產生一個可繼續編修的專案檔，若出現詢問是否儲存專案的視窗，就按【否】。

5 完成匯出後，到右上方按 ✕ 關閉威力導演

很重要

因檔案為連結模式，用【儲存或另存專案】只能在同一台電腦編輯。

必須以【輸出專案資料夾】方式，才能將輸出的整個資料夾，攜帶至其他電腦編輯。

6 開啟專案資料夾，就會看到所有素材與一個專案檔

7 認識【素材】

◎ 素材的種類與差異

多媒體素材有【圖片】、【視訊】與【聲音】，來了解一下它們吧！

圖片 【圖片】包含了插圖與照片，常見的格式有：

	jpg	壓縮的靜態影像，檔案小，常用於影片素材或網頁設計
	png	靜態影像，可以是透明背景的圖片，常用於外框設計、鏤空圖案或網頁設計
	gif	靜態影像，也可以是動畫影像，常用於簡單的動態影像設計與網頁設計
	tif	靜態影像，檔案大，常應用於印刷品的設計

注意：左側為系統預設圖示，一般來說，在電腦上會顯示內容縮圖

老師說

不管是圖片、視訊、聲音，在【檔案總管】的【檢視/詳細資料】模式下，可以看到格式種類與檔案大小：

視訊 【視訊】就是俗稱的【影片】，常見的格式有：

| avi | mp4 | mpeg | mov | wmv |

檔案的大小依長度而定，畫質則以 avi 為最佳

注意：圖示為系統預設圖示，在不同系統上，顯示的圖示會有所不同

由手機、DV 或運動攝影機拍攝的視訊，以 mp4、mpeg 與 mov 格式最常見。

聲音 【聲音】包含了音效、音樂與旁白，常見的格式有：

 mp3　壓縮的聲音檔，檔案小，音質佳。可存放在 MP3 隨身聽中播放

 wav　音質最好，但檔案最大

 m4a　是蘋果公司 (Apple) 開發的聲音格式，音質也不錯，檔案也不會太大

 wma　壓縮率比 mp3 還大，檔案更小，所以音質就沒那麼好。很多 MP3 隨身聽也支援播放

注意：左側為系統預設圖示，在不同系統上，顯示的圖示會有所不同

取得素材常會用到的設備

我們可以使用電腦周邊的硬體設備來取得【素材】。以下就是常見的設備：

智慧型手機或數位相機

拍照後將影像傳輸到電腦

DV 攝影機

拍攝視訊或相片後，傳輸到電腦

網路攝影機

直接拍攝視訊或相片後，傳輸到電腦

掃描器

掃描圖片、照片或印刷物的圖片到電腦裡

讀卡機

讀取記憶卡中的素材，可用複製貼上的技巧，將素材儲存到電腦裡

麥克風

錄製聲音或旁白

光碟機

讀取光碟中的圖片或聲音，最好是能讀取與燒錄 DVD／藍光的光碟機

你也可以到網路上，搜尋取得合法的素材喔！

◎ 編輯 (處理) 素材的軟體

必要時我們可以使用軟體適度美化或修剪素材。以下是常見又好用的素材編輯軟體：

PhotoCap - 影像處理

GIMP - 影像處理

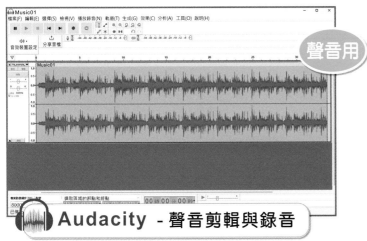

Audacity - 聲音剪輯與錄音

善用編輯軟體，才能讓影片變得更好看、更精彩喔！

威力導演 - 是編輯多媒體影片的軟體，也可以拿來修剪視訊變成素材

素材的檔案管理

把同一類型的素材，放進專屬資料夾，統一管理，才不會要使用時亂糟糟找不到喔！管理的原則例如：

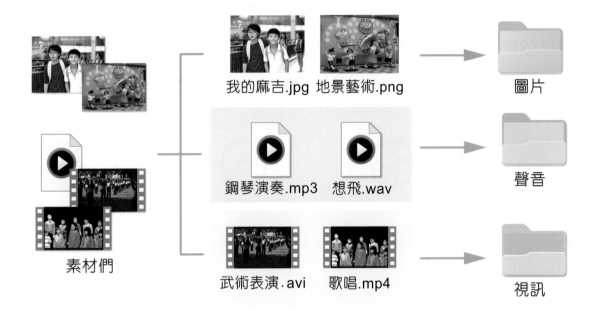

在編輯影片前，記得先新增一個【專案資料夾】，再把會用到的素材，【複製/貼上】到專案資料夾中，這樣就可避免不小心刪除或更改到原始素材了。(資料夾內也要做好檔案管理喔！) 例如：

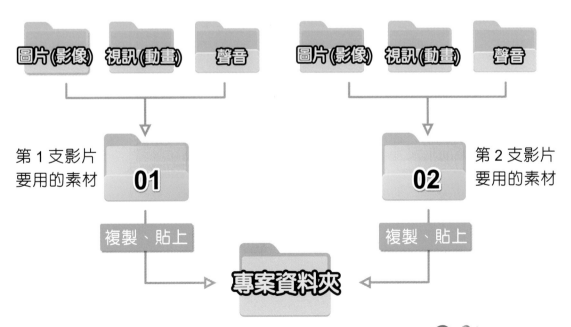

網路上的免費素材

除了自己製作外，網路上也有很多可以合法使用的素材喔！但為了尊重智慧財產權，讓我們先了解一下使用時的相關規定：

認識創用 CC - 四個授權要素

創用CC授權條款包括「姓名標示」、「非商業性」、「禁止改作」以及「相同方式分享」四個授權要素，其意思分別為：

這個圖表示，使用時要註明作者姓名。

這個圖表示，使用在作品時，不可以拿來獲利。

這個圖表示，使用時，只能拷貝，不可以變更或修改。

這個圖表示，使用時，只能依同樣的授權條款來發布該作品。

以【維基百科】上的資料為例：

https://zh.wikipedia.org/zh-tw/

維基百科中的圖片、文字內容，都是經過授權，可以分享使用的喔！

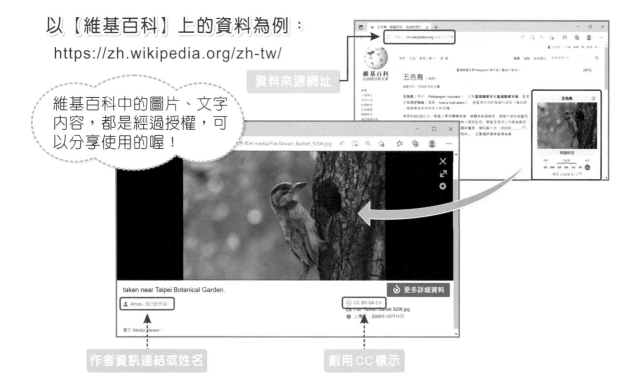

資料來源網址

作者資訊連結或姓名

創用CC標示

到 CC 台灣社群 網站 (https://cc.ocf.tw/)，上面有更詳細的介紹喔！

免費資源網站

除了維基百科，以下網站也有提供免費圖片、視訊與聲音喔！有需要時，可以去搜尋、下載：

邊框 Lee Hansen

http://www.leehansen.com

相片 Flickr:Creative Commons

https://www.flickr.com/creativecommons

視訊 Pexels Videos

https://www.pexels.com/zh-tw/videos/

音樂 jamendo

https://www.jamendo.com/en

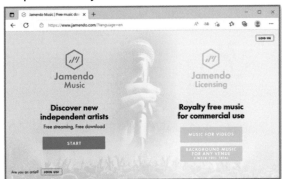

音樂與音效 YouTube

https://www.youtube.com

YouTube 有超多
免費、合法的音樂與音效！
如何下載，
可參考學習影片喔！

我是高手　做出更多幻燈片秀

使用本課學到的技巧，自訂一個主題，挑選幾張身邊的照片，試著做出另一支幻燈片秀吧！(你也可以挑選本課【進階練習圖庫】的照片來練習)

練功囉

( )① 以下哪個不是構成【多媒體】的要素？

　1. 影像　　　　　2. 聲音　　　　　3. 味道

( )② 以下哪個軟體可以編輯多媒體影片？

　1. 威力導演　　　2. Word　　　　　3. PhotoCap

( )③ 啟動哪一種編輯模式，功能最完整？

　1. 幻燈片秀編輯器　2. 時間軸影片編輯器　3. 範本

( )④ 用哪個編輯模式可快速讓照片變影片？

　1. 幻燈片秀編輯器　2. 時間軸影片編輯器　3. 範本

2 夏日嬉遊記

- 腳本模式與 Magic Movie 精靈

 統整課程

綜合　藝術

核心概念

◎ 能認識與使用資訊科技以表達想法

◎ 具備使用基本科技與資訊工具的能力，並理解科技、資訊與媒體的基礎概念

課程重點

◎ 用腳本模式編輯影片

◎ 學會匯入素材資料夾

◎ 學會設定素材圖示大小

◎ 學會使用 Magic Movie 精靈

校外教學好好玩

在校外教學中，大家一定拍了很多照片與視訊(影片)吧！用【腳本模式】與【Magic Movie 精靈】就可快速把這些回憶變成影片喔！

用【腳本模式】，
快速做照片與視訊
的混合編輯！

天靈靈地靈靈，
用【Magic Movie 精靈】，
套用樣式與片頭片尾！

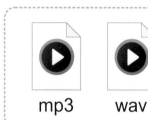

mp3　　wav

腳本模式

Magic Movie 精靈

2 用【腳本模式】編輯影格

威力導演有一個隱藏起來的【腳本模式】，可以用一格一格的
【影格】來編輯影片，非常容易上手！很適合初學者使用喔！

◎ 刪除內建素材與切換到腳本模式

啟動威力導演，點選【時
間軸影片編輯器】

> 在威力導演 21 版本，要
> 進入【腳本模式】，必須
> 先進入【時間軸影片編
> 輯器】，才能做切換喔！

點選任一內建素材，再按
Ctrl + A 全選，然後按
Delete 全數刪除

接著到功能表，按【檢視
】，點選【腳本模式】

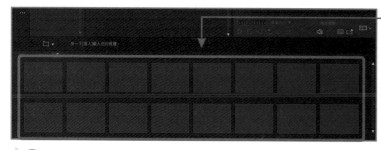

④

下方時間軸就轉換成一格
一格的【腳本模式】囉！

匯入素材資料夾

①

到左上方按 ⬛【匯入媒
體】，點選【匯入媒體資
料夾】

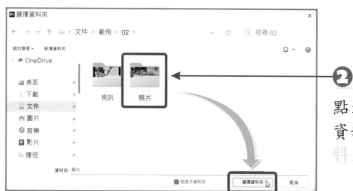

②

點選【範例 / 02 / 照片】
資料夾，然後按【選擇資
料夾】

③

一次就匯入資料夾裡的所
有照片囉！

小提示

若想刪除某素材，點選它
後，再按 Delete 即可。

④

接著再按一次【⬛ / 匯
入媒體資料夾】，匯入
【02 / 視訊】裡的所有視
訊吧！

縮放素材顯示大小

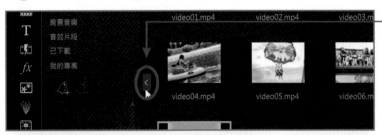

1 先按一下 < ，收合媒體內容窗格 (按 > →再度開啟媒體內容窗格)

2 到媒體庫上方，按 ▦ 【媒體庫選單】，點選【小圖示】

3 不用拖曳捲軸，就可以檢視所有素材囉！

編排素材到時間軸

1 逐一按照順序拖曳素材到時間軸中，如圖示
(左到右、上到下)
01.JPG→
video01.mp4→
video02.mp4→
video03.mp4→
video04.mp4→
02.JPG→
video05.mp4→
03.JPG→
video06.mp4→
video07.mp4

上下拖曳時間軸與媒體庫之間的 ▮▮▮ ，或左右拖曳媒體庫與影片預覽區之間的 ▮ ，可以調整彼此的窗格大小喔！

套用 Magic Movie 精靈範本

用【Magic Movie 精靈】，可快速套用範本影片樣式、設定片頭、片尾，輕鬆變成一支精彩的影片喔！

◎ 啟用【Magic Movie 精靈】

① 到功能表，按【外掛程式 / Magic Movie 精靈】

② 點選【時間軸】，按【下一步】

小提示

點選【媒體庫】- 會用媒體庫裡的素材為影片內容

點選【時間軸】- 會用時間軸上的素材為影片內容

❸

會看到很多範本樣式

設定背景音樂與混音

❶

點選【百老匯】樣式後，
按【設定】

老 師 說

在學校的環境中，應該都已
預載很多 Magic Movie 精靈
範本給大家選用了。

除此之外，你還可以上網到
【DirectorZone】下載更多
範本與特效喔！如何下載與
安裝，請參考學習影片。

❷

匯入音樂、混音與設定影片長度：

Ⓐ 按 🎵 匯入【02- music .mp3】

Ⓑ 拖曳 ▽ 到偏左，讓素材視訊的聲音小一點

Ⓒ 點選【建議的時間長度】

Ⓓ 最後按【確定】

有片頭、片尾，影片看起來更完整！

◎ 輸入片頭與片尾文字

❶

按【下一步】，開始建立影片

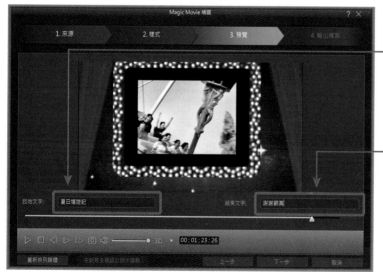

❷

起始文字輸入夏日嬉遊記

❸

結束文字輸入謝謝觀賞

先按一下 ⬜ 讓畫面回到
片頭，然後按 ▷，預覽
一下影片吧！

小提示

也可以拖曳 △ 到最左方
，再按 ▷ 播放。

🎯 輸出影片

①

按【下一步】

②

按【輸出影片】

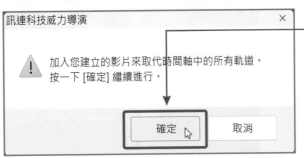

③

按【確定】，取代時間軸
中的內容

④

設定格式：

Ⓐ 點選【標準 2D / AVC】

Ⓑ 副檔名點選【MP4】

Ⓒ 品質點選【MPEG-4
640 x 480 / 30p】或想
要的品質

Ⓓ 接著按 ▬▬ ，指定儲存
資料夾與設定檔名為【02
-夏日嬉遊記】

⑤

勾選【輸出檔案時啟用
預覽】

接著按【開始】，就會開
始輸出

⑥

輸出完成，按【開啟檔案
位置】，即可點兩下影片
檔案、播放看看囉！

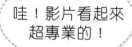

哇！影片看起來
超專業的！

返回編輯模式與儲存專案

最後讓我們儲存一下專案，以備隨時打開來修改吧！

1

視窗回到威力導演，然後按【返回編輯】

2

時間軸上，會自動變成套用【百老匯】樣式後的內容

小 提 示

點選任一影格，再到預覽區按 ▷，可以觀察套用樣式後的變化喔！

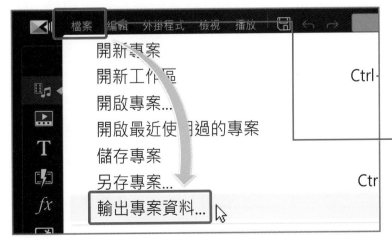

匯出之前，記得要先建立一個專用資料夾喔！例如【文件 / 成果 / 02 / 專案資料】。

3

接著到左上方功能表，按【檔案 / 輸出專案資料】

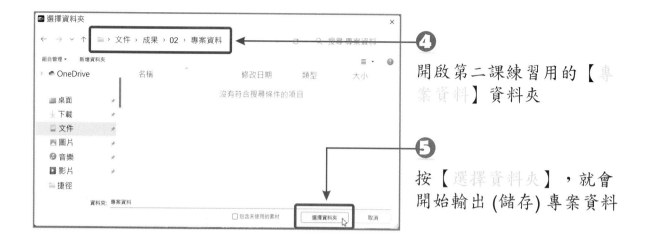

④ 開啟第二課練習用的【專案資料】資料夾

⑤ 按【選擇資料夾】，就會開始輸出 (儲存) 專案資料

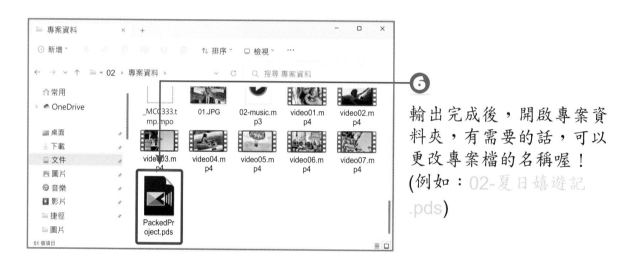

⑥ 輸出完成後，開啟專案資料夾，有需要的話，可以更改專案檔的名稱喔！
(例如：02-夏日嬉遊記.pds)

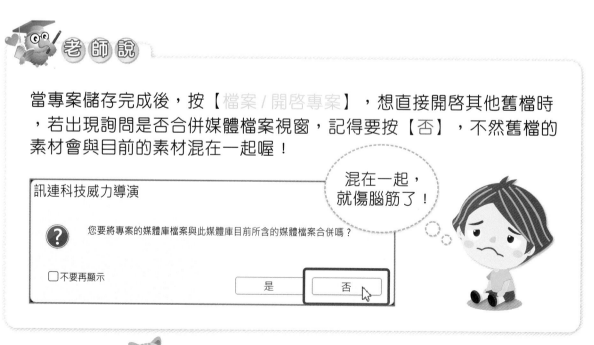

老師說

當專案儲存完成後，按【檔案 / 開啟專案】，想直接開啟其他舊檔時，若出現詢問是否合併媒體檔案視窗，記得要按【否】，不然舊檔的素材會與目前的素材混在一起喔！

混在一起，就傷腦筋了！

訊連科技威力導演

❓ 您要將專案的媒體庫檔案與此媒體庫目前所含的媒體檔案合併嗎？

☐ 不要再顯示

是　　　否

懂更多　威力導演的偏好設定

透過【偏好設定】，有些功能可以不用每次都重複做喔！來看看有哪些是更改後，會更方便作業的設定吧：

① 到視窗右上方，按 【設定使用者偏好設定】

② 按【專案】項目，取消勾選【當威力導演開啟時自動載入範例片段】，啟動威力導演後，就不會載入內建素材

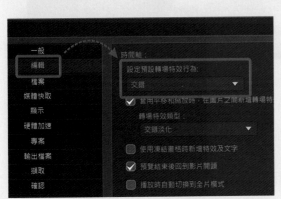

③ 按【編輯】項目，【設定預設轉場特效行為】改選【交錯】，轉場特效就會自動以交錯的方式位於素材與素材中間

④ 接著取消【播放時自動切換到全片模式】，在預覽區預覽影片時，可以只播放點選的片段，不會一直播放到最後

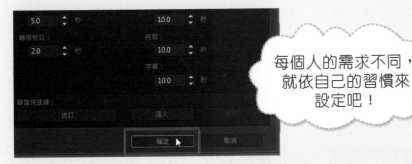

每個人的需求不同，就依自己的習慣來設定吧！

⑤ 最後到右下方按【確定】，設定就會立即生效喔！

我是高手　製作不同樣式的影片

使用本課的練習素材，再利用【Magic Movie 精靈】，編輯出不一樣的【夏日嬉遊記】吧！

示範參考

圖示樣式【墨水潑濺】

 練功囉

( )❶ 按哪個選項，可以從時間軸影片編輯器轉換到腳本模式？

　　　1. 外掛程式　　　　2. 檢視　　　　3. 編輯

( )❷ 按哪個選項，可以啓動【Magic Movie 精靈】？

　　　1. 外掛程式　　　　2. 檢視　　　　3. 編輯

( )❸ 按哪個按鈕，可以在預覽時，畫面回到片頭？

　　　1. ▷　　　　2. ☐　　　　3. ◁

( )❹ 威力導演專案檔，是哪種格式？

　　　1. .pds　　　　2. .pcl　　　　3. .mp4

3 一個巨星的誕生

－時間軸影片編輯、淡入淡出、文字範本與繪圖設計師

最佳女主角就是我！

統整課程

國語　藝術　品德教育

核心概念

◎ 能認識與使用資訊科技以表達想法

◎ 了解並欣賞科技在藝術創作上的應用

◎ 具備運用科技規劃與執行計畫的基本概念

課程重點

◎ 知道如何美化影像

◎ 練習編排時間軸與設定時間

◎ 學會設定淡入淡出

◎ 製作文字範本當圖說

◎ 學會製作動態簽名

◎ 學會下載與修剪背景音樂

俏皮的成長寫真

將照片美化一下,加上俏皮的圖說,就算只用照片,也能編輯出活潑有趣的影片喔!這一課讓我們來做一支【成長寫真秀】吧!

片頭 ▶	內容 ▶
封面.jpg 7秒	01.jpg 5秒 / 02.jpg 5秒 / 03.jpg 5秒 / 04.jpg 5秒
背景音樂 (選用威力導演內建)	

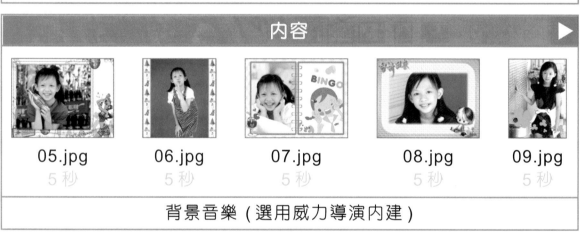

內容 ▶
05.jpg 5秒 / 06.jpg 5秒 / 07.jpg 5秒 / 08.jpg 5秒 / 09.jpg 5秒
背景音樂 (選用威力導演內建)

內容 ▶	片尾
10.jpg 5秒 / 11.jpg 5秒	12.jpg 8秒
背景音樂 (用威力導演內建)	

圖說 (字幕) 讓我們用威力導演來做!

2 威力導演的好幫手－影像美化軟體

花一點小功夫與創意，用免費的【PhotoCap】(或【光影魔術手】) 為照片加上花樣或特效，編輯出來的影片，就會更與眾不同喔！

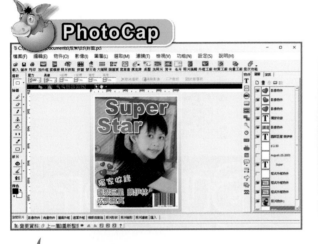

威力導演的好麻吉！

老師說

在智慧型手機上，也有很多 App 可以直接美化照片，讓照片更漂亮、活潑、有趣喔！例如：

美圖秀秀Meitu　Snapseed　Pixaloop　Photoleap　Prisma　PicsArt　PhotoMontager

用 PhotoCap 設計雜誌風片頭

我們每個人都這麼獨特，要製作【成長寫真秀】，當然也要用獨特的方式！讓我們用【PhotoCap】，設計一張有雜誌風格、大明星感覺的照片，來當影片片頭吧！

哇！趕快來做！但...會不會很難啊？

一點都不難！老師提示一下，大家就會囉！

1 套用模版

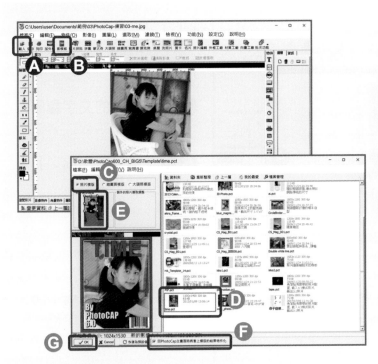

Ⓐ 啟動 PhotoCap 後，按【載入】開啟照片

Ⓑ 按【套模版】

Ⓒ 點選【照片模版】

Ⓓ 點選想套用的模版，例如【time.pct】

Ⓔ 設定照片顯示區域與位置，約如圖示

Ⓕ 勾選【回 PhotoCap 主畫面時將套上模版的結果物件化】

Ⓖ 按【OK】

2 隱藏 / 修改圖形物件

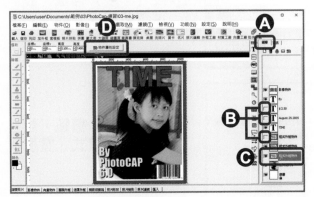

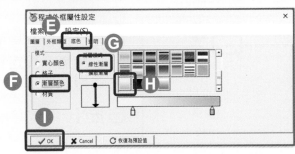

Ⓐ 在【圖層】標籤

Ⓑ 隱藏不要的物件

Ⓒ 點選底圖的物件圖層

Ⓓ 按【物件屬性設定】

Ⓔ 按【底色】標籤

Ⓕ 點選【漸層顏色】

Ⓖ 點選【線性漸層】

Ⓗ 點選想要的漸層色

Ⓘ 按【OK】

③ 製作標題

Ⓐ 點選標題的文字圖層 (TIME)

Ⓑ 按【物件屬性設定】

Ⓒ 按【字型】標籤，改成想要的內容與格式

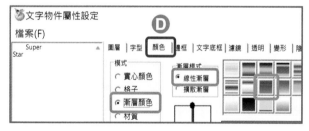

Ⓓ 按【顏色】標籤，設定想要的模式與色彩

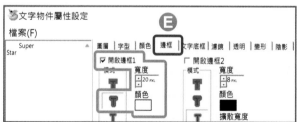

Ⓔ 按【邊框】標籤，設定想要的模式、寬度與顏色

Ⓕ 按【陰影】標籤，開啟陰影、設定相對位置與顏色

Ⓖ 按【OK】

H 拖曳調整標題位置

I 仿照 **A**～**H** 技巧，修改內容提要文字

真的有
大明星的感覺耶！

4 加入文字 / 影像物件

A 按 **T**【文字物件】
選擇一個文字類型

B 按【物件屬性設定】，
輸入文字內容、設定格
式、效果並旋轉一下角
度，製作一個副標題

C 按 ▨【影像物件】

D 加入你喜歡的物件、縮
放、旋轉，並安排位置

E 最後先儲存一份【.pcl】
工作檔、再儲存一份
【封面.jpg】檔案，以
備匯入到威力導演，當
做片頭使用

用 PhotoCap 讓照片更漂亮

無論是影像裁切、修片、加外框、插入可愛物件、照片拼貼、套用影像特效...等，PhotoCap 都能輕鬆辦到！

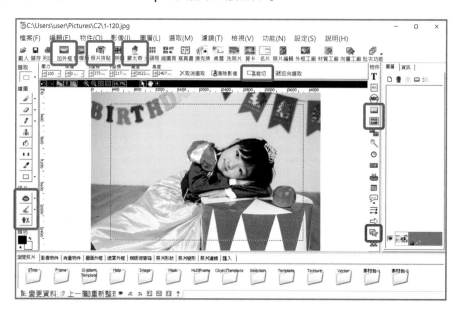

3 啟用【時間軸影片編輯器】與匯入素材

用【時間軸影片編輯器】，可以更自由地編輯影片，使用最完整的功能！來開始體驗吧！

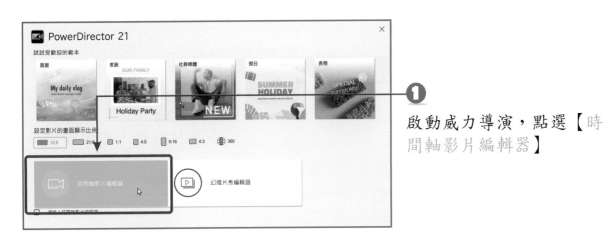

① 啟動威力導演，點選【時間軸影片編輯器】

② 刪除內建所有素材後，按【📁／匯入媒體檔案】，匯入第二節製作的【封面.jpg】

③ 按【📁／匯入媒體資料夾】，匯入練習素材【03／圖片】資料夾

裡面有老師預先準備給大家練習用的圖片。

播放順序、時間與淡入淡出

素材都匯入完成囉！接著來編排播放順序、時間，並設定片頭淡入、片尾淡出的效果吧！

🎯 編排播放順序

❶

按【⊞/小圖示】，縮小素材縮圖，方便檢視

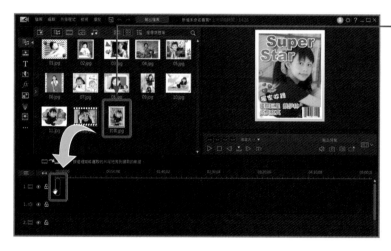

❷

按住【封面.jpg】不放，拖曳到視訊軌的最前方

❸

按住【01.jpg】不放，拖曳到視訊軌上【封面.jpg】的後方

直到左方出現藍色直線，放開左鍵，兩個素材就接在一起囉！

接著循序拖曳【02.jpg】
~【12.jpg】到視訊軌，
將它們接起來

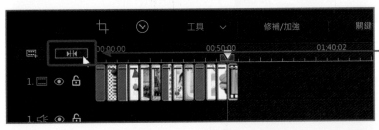

按一下時間軸左上方的
▶◀【檢視整個視訊】

素材就會充滿整個時間軸
，方便整體檢視

小 提 示

想刪除時間軸上的素材，
就點選它，按 Delete ，
再選擇想刪除的方式。

移除並保留空隙
移除並填滿空隙
移除、填滿空隙和移動所有片段

老 師 說

縮放顯示時間軸，還有三種方法：

❶ 點按 ➕【放大】或 ➖【縮小】鈕

❷ 拖曳縮放軸的 ● 捲軸鈕
（向右→放大；向左→縮小）

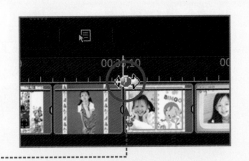

❸ 游標移到尺規上，按住左鍵不放，
向右拖曳→放大；向左拖曳→縮小

◎ 設定每張照片播放時間

❶
點選視訊軌上的第一張圖
片(封面.jpg)，再按
【變更選取片段的長度】

❷
預設的照片播放時間是 5
秒

00 ; 00 ; 05 ; 00

 時　 分　 秒　 畫格

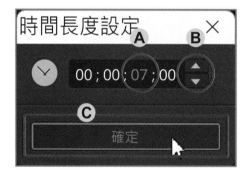

❸
更改為 7 秒：
Ⓐ 點選【05】
Ⓑ 按 ▲▼ 的 ▲，改成【07】
Ⓒ 按【確定】

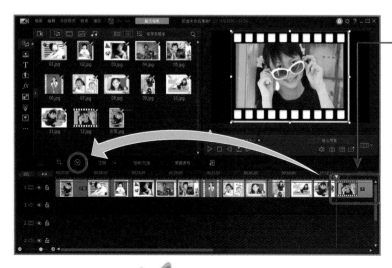

❹
點選最後一張圖片，將播
放時間更改為 8 秒

 小提示

片頭等於是宣告主題、最
後一張圖片等於是片尾，
將它們的播放時間設定長
一點，才能看得更清楚。

畫面淡入與淡出

影片突然開始、或突然結束,難免會有一些突兀的感覺!這時候用
【淡入/淡出】的效果,就對啦!

1 點兩下第一張圖片

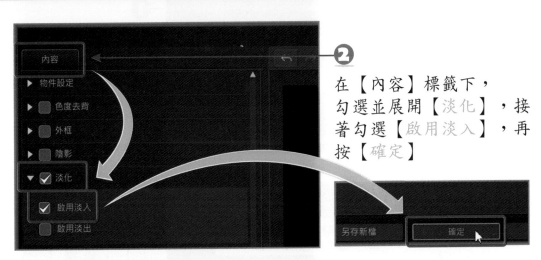

2 在【內容】標籤下,
勾選並展開【淡化】,接
著勾選【啟用淡入】,再
按【確定】

3 點兩下最後一張圖片

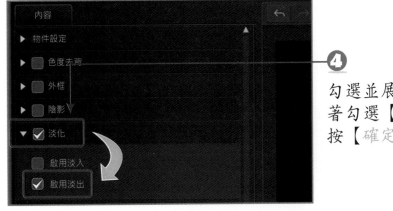

4 勾選並展開【淡化】,接
著勾選【啟用淡出】,再
按【確定】

5 用【文字範本】當圖說

用【文字範本】可以製作圖說,也可以製作標題,應用範圍超靈活喔!這一課讓我們用它來當圖說吧!

◎ 新增文字範本與設定字型

①

按 **T**【文字工房】

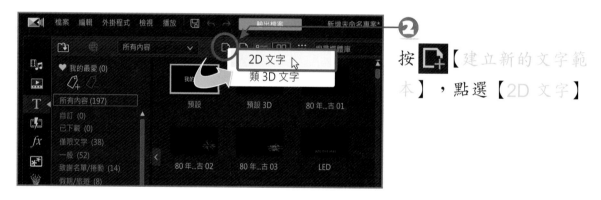

②

按【建立新的文字範本】,點選【2D 文字】

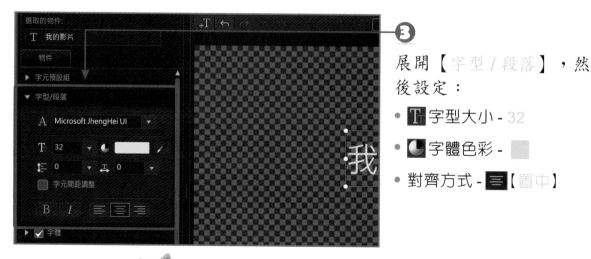

③

展開【字型 / 段落】,然後設定:

• **T**字型大小 - 32

• 字體色彩 -

• 對齊方式 - 【置中】

◎ 設定外框

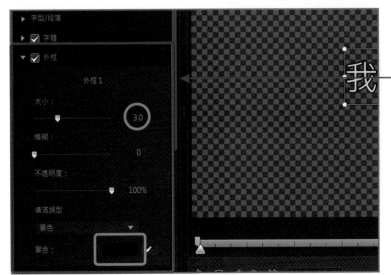

① 收合【字型 / 段落】，
勾選並展開【外框】，
然後設定：

- 大小 - 3 (拖曳捲軸鈕)
- 色彩 - ■ (黑色)

◎ 設定陰影

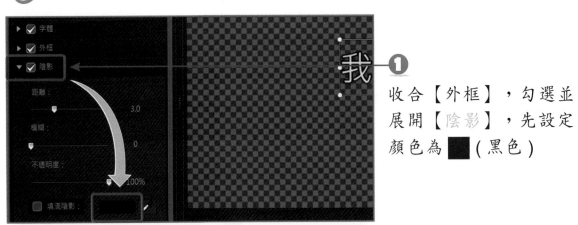

① 收合【外框】，勾選並
展開【陰影】，先設定
顏色為 ■ (黑色)

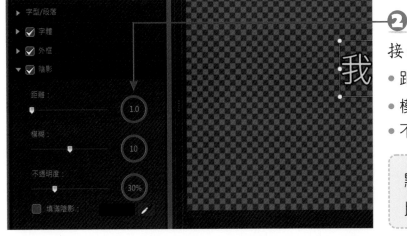

② 接著設定：

- 距離 - 1
- 模糊 - 10
- 不透明度 - 30%

點選數字，再用 ⬆⬇，會
比較方便設定喔！

3 按住文字框線，拖曳文字到下方約圖示位置

4 按【確定】

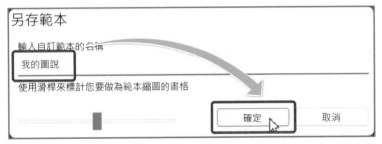

5 名稱輸入【我的圖說】，然後按【確定】

預先儲存專案

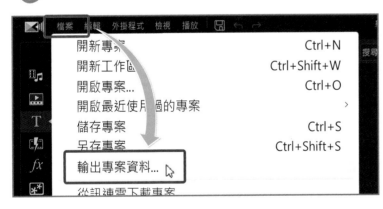

1 練習至此，按【檔案／輸出專案資料】，預先儲存一下練習檔案吧！

> 任何影片剪輯軟體，都比較耗費系統資源，最好每隔一段時間就順手儲存一下，避免因當機或其他因素，導致白費心血！

老師說

想修改自訂的文字範本，只要在【文字工房】中，點選【自訂】項目，再點兩下範本縮圖，即可開啟【文字設計師】來編修！

◎ 拖曳文字範本到時間軸

為照片加上圖說，可以加強照片的故事情境！不管是正經的、有趣的、搞笑的、酷酷的...，隨你愛怎麼說，就怎麼說吧！

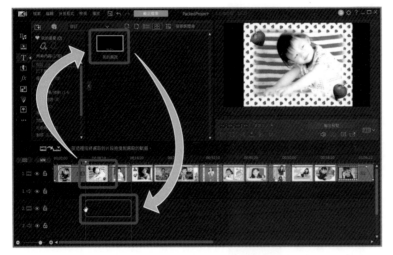

1

先點選第二張圖片，再拖曳【我的圖說】文字範本到第二個視訊軌上，前端對齊紅線 (= 對齊圖片的前端)

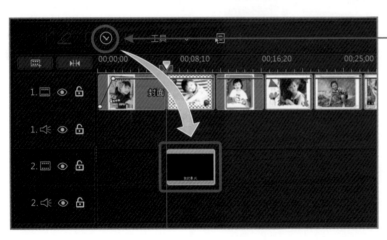

2

接著設定播放時間為 5 秒

◎ 修改圖說內容

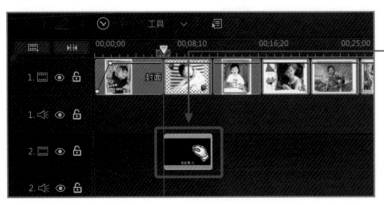

1

點兩下視訊軌上的文字範本，開啟【文字設計師】視窗

② 拖曳選取預覽區上的所有文字，然後修改文字內容為 我的pose 100分

③ 接著點一下文字框線，然後修改字型為【華康海報體 Std W12】或你喜歡的字型

✐ 小提示

若有需要，可以按住文字框線，拖曳調整位置喔！（點一下文字框線，用鍵盤的方向鍵，也可以！）

④ 按【確定】

⑤ 在影片預覽區，可以看到圖說變成想要的內容囉！

接著利用一點時間，為其他照片都加入圖說吧！(播放時間皆為 5 秒)

注意：當範本接到前一範本後端時，若出現右側的視窗，就在視窗外空白處點一下，再重新接一次即可

覆寫		Ctrl+Drop
插入		
插入並移動所有片段		Shift+Drop
交叉淡化		Alt+Drop

吼！快來陪我玩啦！

煙雨濛濛、仙氣飄飄

什麼洗石頭?是在抓魚啦！

拍謝！我把可樂喝完了！

噓！別把我的秘密說出去！

宇宙無敵笑容，誰能跟我比？

青春美少女

搖身一變冰山美人

無修圖網美在這裡！

換個姿勢再一張

最佳女主角就是我

你可以發揮創意，說你想說的喔！

6 繪圖設計師 - 動態簽名

用【繪圖設計師】，可以輕鬆製作動態的簽名效果！讓我們在片尾加上一個動態簽名，就更有大明星的感覺囉！

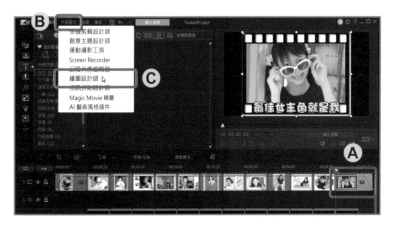

1

開啟【繪圖設計師】：

A 點選最後一張圖片

B 按【外掛程式】

C 點選【繪圖設計師】

2

設定工具、寬度與色彩：

A 點選【筆】

B 寬度設為【10】

C 色彩設為 ■

3

到預覽區，徒手簽一下英文名字吧！(不需一筆寫完喔！)

> 若不滿意所寫 (畫)，可按 Ctrl + Z ，復原後重新再寫。

④
【凍結】設定為 4 秒，然後按【確定】

> 【凍結】時間 4 秒，就是動態效果後，靜止4秒。

⑤
名稱輸入【我的簽名】，然後按【確定】

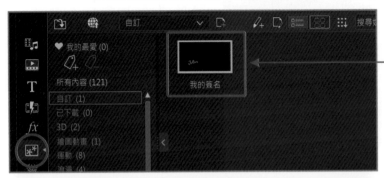

⑥
這個動態簽名，會放在 🖼 【覆疊工房】裡

⑦
接著將動態簽名物件，拖曳到第三個視訊軌上、左方對齊最後一張圖片

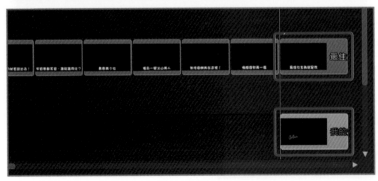

⑧
最後將圖說與動態簽名的播放時間，都修改為 7 秒吧！

7 加入內建背景音樂

威力導演也有提供很多內建的音樂讓大家使用喔！讓我們來挑選一個，當作背景音樂吧！

🎯 下載與加入內建音樂

①

開啟【背景音樂】庫：

A 按 🎵【媒體工房】

B 展開媒體內容窗格

C 點選【背景音樂】

②

找到並點選
【Beautiful Life】，然後
按 ▶ 試聽一下

③

接著在【Beautiful Life】
上按右鍵，點選【下載】

下載完成後，拖曳音樂到
第一個視訊軌下方的音軌
最前方 (對齊第一張圖片)

修剪與淡出

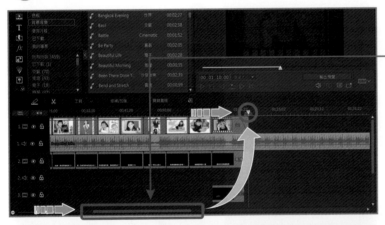

① 向右拖曳時間軸捲軸，到
顯示最後一張圖片(片尾)

接著拖曳 ▽ 至片尾最末端

② 在音訊選取狀態下，按

【分割選取的片段】

③ 點選分割後的後半段音樂
，按 Delete 將它刪除

④ 接著放大顯示時間軸

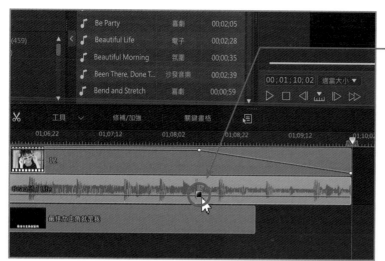

5

點選音樂,然後將游標移到音量線(橫線)上、約如圖示位置

接著按住 Ctrl ,游標變成■後,點一下指定淡出起始點

6

游標移到音量線最末端,按住 Ctrl ,直到出現■

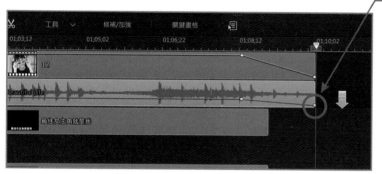

7

按住■,拖曳到最底端 (= 將該點音量設定為無)

然後放開左鍵與 Ctrl 、移開游標

讓音樂淡出,才不會有突然斷掉的感覺喔!

預覽與儲存專案

① 按一下 ⏮ ，完整顯示時間軸

小提示

編輯影片時，常常需要整體顯示時間軸，方便檢視片段之間的編排狀態。

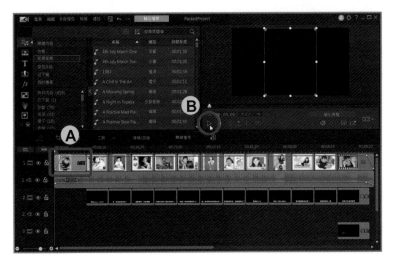

② 預覽一下編輯成果：

Ⓐ 點選時間軸上的第一張圖片

Ⓑ 到預覽區，按一下 ▷ 預覽影片

③ 影片編輯完成囉！儲存一下專案資料，然後輸出影片來觀賞一下吧！

我是高手　製作不同圖說的影片

使用本課提供的【我是高手】練習素材，發揮創意，自訂想要的圖說，再編輯出另一支成長寫真秀吧！

來點熱帶風情吧！

用自己的照片做一支全新的影片，加分加很多喔！

你看那滿滿的膠原蛋白！

示範參考

 練功囉

( )1 下面哪個編輯模式，可以讓你隨心所欲編輯影片？

　　1. 時間軸影片編輯器　2. 幻燈片秀編輯器　3. 以上皆可

( )2 想將素材放進視訊軌 (音軌)，要用什麼方式？

　　1. 在素材上點兩下　　2. 拖曳　　3. 在素材上按右鍵

( )3 在【文字工房】中，建立新的文字範本，要按哪一個？

　　1. 🗋＋　　　　2. ▦▼　　　　3. 📝

( )4 用【繪圖設計師】做好的動態簽名，存放在哪裡？

　　1. 📑 媒體工房　2. 𝑓𝑥 特效工房　3. ❄ 覆疊工房

4 守護地球你和我

－移除黑邊、調整影像品質、剪輯視訊與圖片動作

 統整課程

社會　藝術　環境教育　能源教育

 核心概念

◎ 能認識與使用資訊科技以表達想法

◎ 能利用資訊科技分享學習資源與心得

◎ 能利用科技理解與關心本土與國際事務

 課程重點

◎ 學會移除畫面黑邊

◎ 學會修補 / 加強圖片

◎ 練習修剪視訊與分離音訊

◎ 學會設定平移與縮放效果

◎ 製作動態字幕

◎ 學會設定物件動作

75

珍愛地球靠你我

環保愛地球,是全世界共同的課題!這一課讓我們以【守護地球你和我】為主題,做一支宣導影片吧!

片頭 ▶	內容 ▶

| 封面 | 01-工業污染 | 02-汽車廢氣 | 03-水污染 | 04-外牆冷氣 |
| 5秒 | 7秒 | 7秒 | 5秒 | 7秒 |

Music01.mp3

內容 ▶

| 05-濫墾森林 | 06-大地龜裂 | 07-冰山融化 | 08-燃燒的地球 | 09-青山綠地 |
| 7秒 | 8秒 | 7秒 | 7秒 | 7秒 |

Music01.mp3 　　　 Music02.mp3

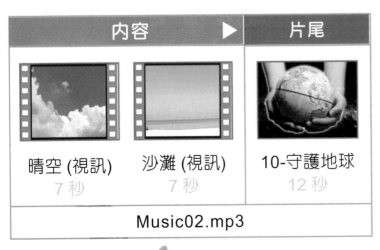

內容 ▶	片尾

| 晴空 (視訊) | 沙灘 (視訊) | 10-守護地球 |
| 7秒 | 7秒 | 12秒 |

Music02.mp3

我們還要加入會動的字幕與卡通圖片喔!

2 匯入素材與編排順序、時間

首先讓我們匯入所有練習用的素材(圖片、照片、視訊與音訊)，然後編排一下播放順序與時間吧！

◎ 匯入素材與編排播放順序

> 練習之前，記得將本課練習用的素材複製到專用資料夾喔！

1 啟動時間軸影片編輯器，接著匯入本課練習資料夾【素材】

再依序將圖片(照片)與視訊拖曳到視訊軌、編排如圖示：

封面 → 01-工業污染 → 02-汽車廢氣 → 03-水污染 → 04-外牆冷氣 →
05-濫墾森林 → 06-大地龜裂 → 07-冰山融化 → 08-燃燒的地球 →
09-青山綠地 → 晴空.mp4 → 沙灘.mp4 → 10-守護地球

 老師說

穿插素材到素材間

按住素材、拖曳到視訊軌的素材之間，再點選 **A** 或 **B** 即可。

A 插入
只移動該軌道上的素材片段，不影響其他軌道上的素材。

B 插入並移動所有片段
插入後，其他軌道上的素材片段都會向右移動

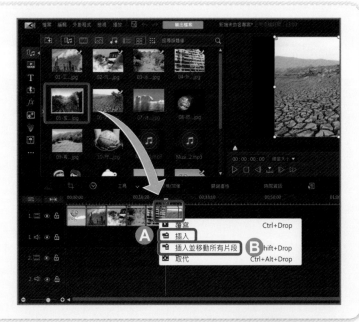

◎ 設定播放時間

① 點選【封面】

② 按住 Shift ，再點選【09 -青山綠地】，一次複選 這10個片段

③ 按 🕐，將它們的播放時 間，設定為【7 秒】

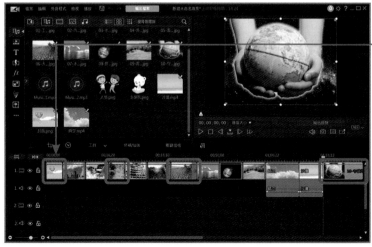

④ 接著再單獨設定圖示片段 播放時間：

【封面】- 5秒
【03-水污染】- 5秒
【06-大地龜裂】- 8秒
【10-守護地球】- 12秒

3 移除黑邊與修補/加強圖片

目前最常見、普遍的影片比例是 16:9，但如果素材的比例是 4:3，就會出現黑邊的現象！該怎麼解決這個問題呢？

解決 4:3 素材的黑邊問題

透過縮放 4:3 比例素材的方式，就可以讓它充滿 16:9 的畫面，而不會有黑邊的現象喔！

縮放素材使充滿畫面

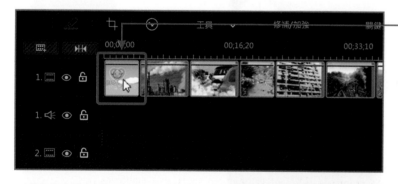

1 點兩下【封面】片段，開啟【子母畫面設計師】視窗

2 到【進階模式】，按一下 ▦ ，點選【貼齊參考線】(若預設已選，則不必點選)

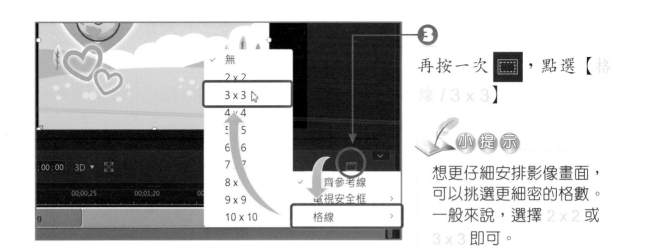

③

再按一次 ▦，點選【格
線 / 3 x 3】

小提示

想更仔細安排影像畫面，
可以挑選更細密的格數。
一般來說，選擇 2 x 2 或
3 x 3 即可。

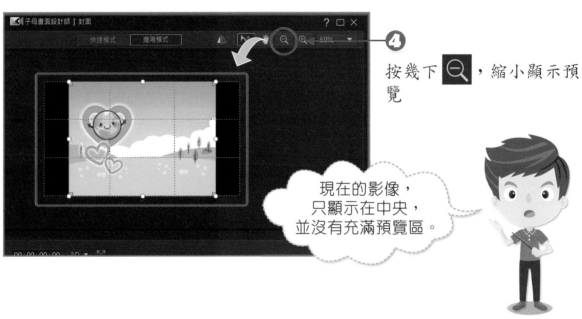

④

按幾下 🔍，縮小顯示預
覽

現在的影像，
只顯示在中央，
並沒有充滿預覽區。

⑤

拖曳右上或左上角的控點
，等比例放大圖片，使左
右貼齊預覽區

小提示

當圖片邊緣靠近虛線框，
會自動吸附上去。

6

使用鍵盤的 ↓ 或 ↑，稍微調整一下圖片位置，約如圖示

小提示

你也可以按住 Shift ，以上下絕對垂直的方式調整位置喔！

7

最後按【確定】

8

素材填滿整個 16:9 的畫面囉！

9

接著利用一點時間，將其他素材都設定成填滿畫面吧！

練習至此，可以預先儲存一下專案資料喔！

修補 / 加強影像

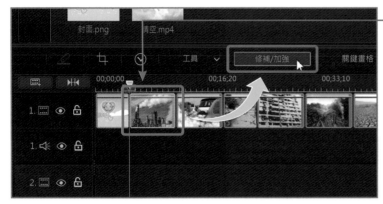

① 點選【01-工業污染】，
按【修補 / 加強】

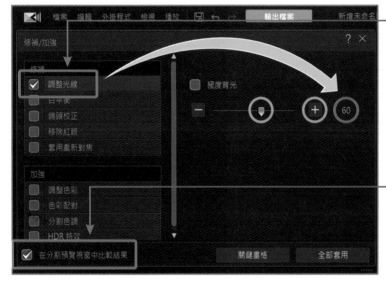

② 調亮整體光線

勾選【調整光線】，拖曳
捲軸鈕或按 ➕，將亮度
調整為【60】

③ 勾選【在分割預覽視窗中
比較結果】

調整前　調整後

④ 在預覽區就可以看到比較
圖喔！

⑤ 調整亮度與飽和度

勾選【調整色彩】

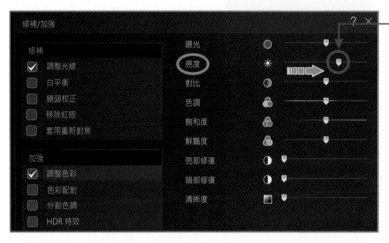

⑥

向右拖曳【亮度】的捲軸鈕，讓亮部更亮一點

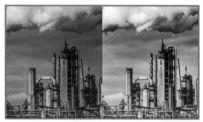

暗 → 亮

⑦

向右拖曳【飽和度】的捲軸鈕，讓色彩更亮麗

亮 → 飽和

⑧

最後按 ✕ 關閉設定視窗

修剪視訊長度與分離音訊

視訊如果太長 (或只想播放其中某段影像)，該怎麼辦呢？用威力導演，就可以修剪喔！

◎ 修剪長度

❶ 點選【晴空】(視訊)，然後按 ✂

小提示

視訊長度，只能修剪或擷取片段，無法加長喔！

❷ 按住視訊結束標記 ▌、向左拖曳，直到時間變成大約 7 秒 (00；00；07；00)

 懂更多 視訊預剪功能

除了可以在視訊軌上修剪視訊，也可以在媒體工房 (媒體庫) 上進行【預剪】喔！方法請參考學習影片。

A 這裡是視訊總長度

B 這裡是視訊開始播放的時間點

- 可拖曳時間軸的 ▌，也可直接輸入數值來自訂

C 這裡是視訊結束播放的時間點

- 可拖曳時間軸的 ▌，也可直接輸入數值來自訂

按【確定】，完成修剪

 小提示

這裡的【修剪】其實是設定視訊的播放長度,並不是真正剪除。你隨時都可以再按 ✂ 來修改喔!

接著將【沙灘】也修剪成 7 秒吧!

老師說

你還可以【多重修剪】,將同一視訊剪成多段視訊喔!方法請參考學習影片。

分離音訊

大部分的視訊，尤其是自己拍攝的，如果有雜音，或不想要的聲音，該怎麼辦呢？把視訊與音訊分離出來，再刪掉音訊就可以囉！

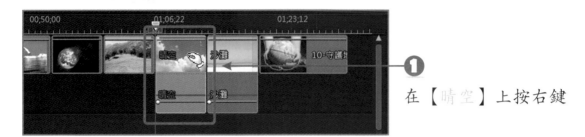

❶ 在【晴空】上按右鍵

❷ 點選【連結／取消連結視訊與音訊】

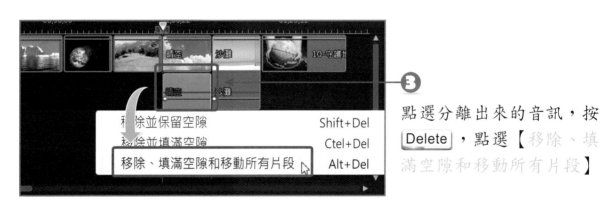

❸ 點選分離出來的音訊，按 Delete ，點選【移除、填滿空隙和移動所有片段】

❹ 接著分離【沙灘】的視訊與音訊，並將它的音訊移除吧！

設定背景音樂

① 拖曳【Music01.mp3】到
音訊軌的最前方

② 拖曳【Music02.mp3】接
在【Music01.mp3】後方

這兩個音訊，
都是預先剪輯好、
符合影片需要的音樂！

用什麼軟體？
怎麼剪輯呀？

老師說

剪輯音訊

使用免費的【Audacity】音訊編輯軟體，
可預先剪輯音訊，以符合編輯影片所需。
操作方法，可以參考學習影片喔！

5 圖片的平移與縮放

靜止的圖片，播放時，難免有些平凡無趣。讓我們為它們加入【平移與縮放】動態效果吧！

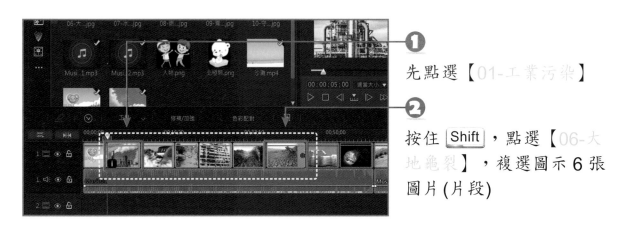

① 先點選【01-工業污染】

② 按住 Shift ，點選【06-大地龜裂】，複選圖示 6 張圖片(片段)

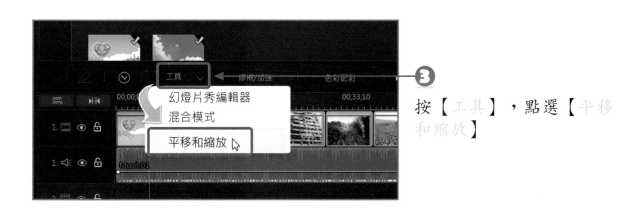

③ 按【工具】，點選【平移和縮放】

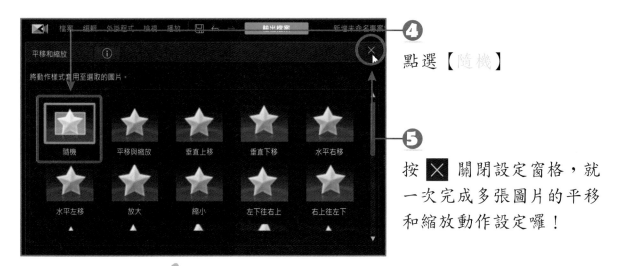

④ 點選【隨機】

⑤ 按 ✕ 關閉設定窗格，就一次完成多張圖片的平移和縮放動作設定囉！

6 會動的字幕 - 文字特效

還記得在第三課學過如何自訂(新建)文字範本來當字幕嗎?現在我們要讓它動起來喔!

◎ 拖曳範本到視訊軌與設定格式

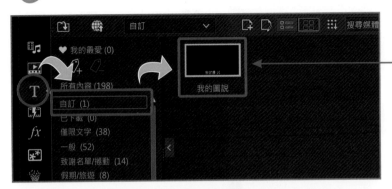

❶ 按 **T**【文字工房】,點選【自訂】,顯示在第3課自訂的文字範本

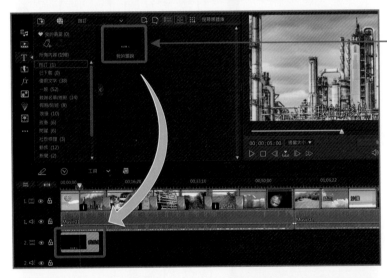

❷ 拖曳文字範本到第2個視訊軌的最前方

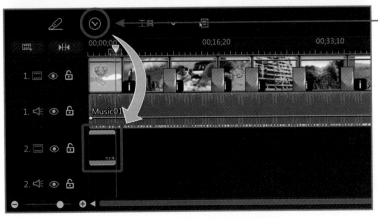

❸ 設定播放時間為4秒後,點兩下開啟文字設計師視窗

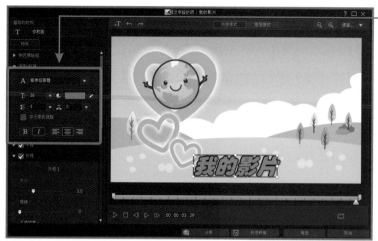

4

展開【字型 / 段落】，設定字型與格式：

- **A** 字型 - 華康超圓體
  (或類似字型)
- **T** 字型大小 - 36
- **◑** 字體色彩 - ▉
- **▤** 行距大小 - 5
- 按 **I** 【斜體】

5

勾選並展開【外框】，顏色設定為 □ (白色)

◎ 修改文字內容

1

拖曳文字到圖示位置，並修改內容為：
守護地球 (換行) 你和我

✎ 小提示

在文字前面點一下，再按空白鍵，可以往右推移文字喔！

設定特效

① 按【進階模式】，然後點選【動畫】標籤

> **小提示**
>
> 在【動作】標籤下，可以套用路徑動畫，這在下一節會有練習。

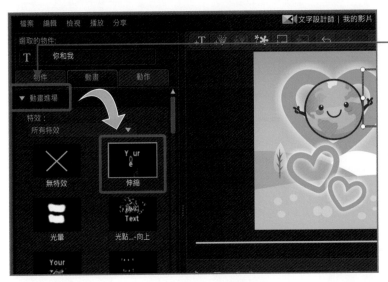

② 展開【動畫進場】，點選【伸縮】特效

> **小提示**
>
> 若想取消特效，就按一下【無特效】即可。

③ 按一下 ⬜，再按 ▷，預覽一下效果吧！

④ 最後按【確定】，完成設定

接著利用一點時間，在其他照片與視訊上加入有特效的字幕 (如圖示)
注意：【晴空.mp4】與【沙灘.mp4】共用一個字幕 (十大宣言) 喔！

在本課練習資料夾中，有個【字幕內容.txt】檔案。
在更改字幕內容時，可以先開啟此檔案，再用複製貼上方式來快速更改。

有需要的話，
可以更改一下
字型大小、字型顏色、
外框色彩...等等
設定喔！

01-工業污染 / 字幕時間：6秒

02-汽車廢氣 / 字幕時間：6秒

03-水污染 / 字幕時間：4秒

04-外牆冷氣 / 字幕時間：6秒

05-濫墾森林 / 字幕時間：6秒

砍伐森林
讓氣候變得惡化

06-大地龜裂 / 字幕時間：7秒

溫度上升
讓水資源逐漸缺乏

07-冰山融化 / 字幕時間：6秒

冰山融化
北極熊失去牠的家

08-燃燒的地球 / 字幕時間：6秒

總有一天，人類的命運
也會跟北極熊一樣

09-青山綠地 / 字幕時間：6秒

保護環境，搶救家園
就從你我開始

晴空+沙灘 / 共用字幕，時間：14秒

- 冷氣控溫不外洩・隨手關燈拔插頭
- 節能省水更省錢・綠色採購看標章
- 選車用車助減碳・每週一天不開車
- 鐵馬步行兼保健・多吃蔬食少吃肉
- 自備杯筷帕與袋・惜用資源顧地球

10-守護地球 / 字幕時間：15秒

地球，是我們唯一的家！
一起來守護它！

想換動作特效，到視訊軌上點兩下文字範本，你就會知道該怎麼做啦！

選自己想要的，才有個人風格！

◎ 圖片淡入淡出

搭配文字的動態效果，在圖片上也設定【淡入淡出】，視覺上會更融合生動喔！

點兩下【10 - 守護地球】開啟【子母畫面設計師】

勾選【淡化】後，陸續勾選【啟用淡入】與【啟用淡出】

按【確定】

接著也將其他圖片都設定淡入淡出吧！

卡通圖片動起來

在影片中適度加入可愛的圖案，再套用一下動態效果，即使是嚴肅的主題，也可以變得比較輕鬆喔！

淡入淡出與彈跳效果

1 拖曳【人物.png】到第 3 個視訊軌的最前方，設定時間為 5 秒

2 拖曳預覽區的時間軸鈕，直到清楚顯示底圖

然後拖曳控點縮小圖片，並安排到圖示位置

3 點兩下人物圖片，設定淡入與淡出

4 拖曳【人物.png】到【09-青山綠地】下方的第 3 個視訊軌上，設定時間為 7 秒

注意：圖片與照片的左緣要對齊喔！

5

拖曳時間軸鈕，直到可清楚顯示底圖，然後縮小圖片如圖示

6

點兩下人物圖片，開啟【子母畫面設計師】

7

在【進階模式】，按【動作】標籤，展開路徑，再點選圖示動作(彈跳)

8

按【確定】

🎯 漂浮效果

1

加入北極熊與設定：

A 拖曳【北極熊.png】到【07-冰山融化】下方(第3個視訊軌)

B 設定時間為7秒

C 縮小圖片約如圖示

D 點兩下視訊軌上的北極熊圖片

❷

點選圖示動作，然後游標移到路徑框線正上方的○上，直到出現↕

小提示

按住 ○，再向左或向右拖曳，可旋轉動作路徑。

❸

按住↕向下拖曳，壓扁路徑高度，約如圖示

❹

使用鍵盤的 ↑ ，向上移動綠色路徑到約如圖示位置 (會連同圖片一起移動)

小提示

拖曳 △ 到最左方或按一下 ■ ，再按 ▷ 可預覽。

❺

最後按【確定】，這支影片就完成囉！

儲存專案後，輸出影片，觀賞一下吧！

耶！
大功告成！

 **我是高手** 重編一支影片

使用本課練習素材，按照自己的想法，重新排列順序與修剪、更改部分文字內容，並自訂想要的物件(圖片與文字)動作效果，編輯出另一支【守護地球你和我】影片吧！

缺乏公德心
亂丟垃圾汙染水源

節能減碳很簡單
舉手之勞能做到

同樣的主題，可以有不同的表現手法喔！

極端氣候
災害日益嚴重

示範參考

練功囉

( ) **1** 想要調整亮度與飽和度，需勾選？

　　1. 色彩配對　　　　2. 色彩強化　　　　3. 調整色彩

( ) **2** 想讓 4:3 影像充滿 16:9 畫面，要先在片段上做什麼動作？

　　1. 點兩下　　　　2. 拖曳　　　　3. 按右鍵

( ) **3** 想修剪視訊的播放長度，要按？

　　1. ⟷　　　　2. ✂　　　　3. 設計師

( ) **4** 想要設定淡入、淡出或路徑動畫，要點開哪個視窗？

　　1. 創意主題設計師　　　　2. 多機剪輯設計師
　　3. 子母畫面設計師

5 小小新聞主播台

-下載範本、子母雙畫面、Magic Cut 與快報

小小新聞台
動物星球系列報導

統整課程

社會　藝術　環境教育　生涯規劃教育

核心概念

◎ 能認識與使用資訊科技
　以表達想法

◎ 具備運用科技規劃與執
　行計畫的基本概念

◎ 能將資料有系統地透過
　影像格式呈現

課程重點

◎ 學會製作倒數畫面

◎ 認識下載片頭範本與編輯

◎ 學會製作子母畫面

◎ 學會分割視訊與片段靜音

◎ 練習使用自動修剪視訊功能

◎ 學會製作新聞快報

人人都是小主播

在一些報導節目上，主播們不管嚴肅也好、風趣也好，都顯得好酷呀！這一課讓我們化身小主播，製作一支報導可愛動物的影片吧！

倒數畫面 ▶	片頭 ▶	內容 ▶
動態倒數範本 + 內建圖片 5 秒	動態片頭範本 10 秒	小主播 - 開場.mp4 + 無尾熊01.mp4 約 10 秒
無聲	片頭旁白.wav	子母雙畫面

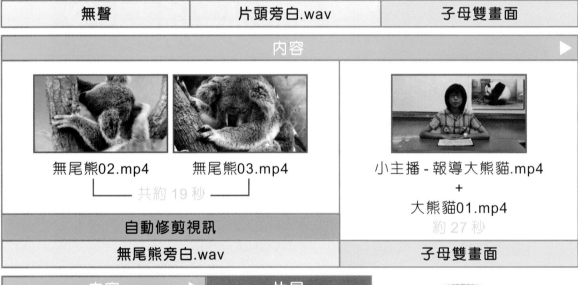

內容 ▶	
無尾熊02.mp4　　無尾熊03.mp4 └── 共約 19 秒 ──┘	小主播 - 報導大熊貓.mp4 + 大熊貓01.mp4 約 27 秒
自動修剪視訊	
無尾熊旁白.wav	子母雙畫面

內容 ▶	片尾
大熊貓02.mp4 + 動態快報範本 約 19 秒	小主播 - 結尾.mp4 約 10 秒
大熊貓旁白.wav	

> 善用免費又精美的範本，聰明又省力！

2 製作倒數畫面

在片頭之前有一段倒數的畫面，是影片常用的手法，感覺也比較專業！趕快來練習看看吧！

◎ 取用內建色板與倒數計時範本

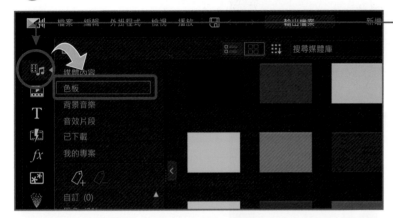

1 取用色板

新增專案，按 🎵 【媒體工房】，再點選【色板】

2

拖曳捲軸，找到並拖曳圖示色板到第 1 個視訊軸最前方

然後將時間設定為 5 秒

3 取用倒數計時範本

按 ✳ 【覆疊工房】，再點選【所有內容】

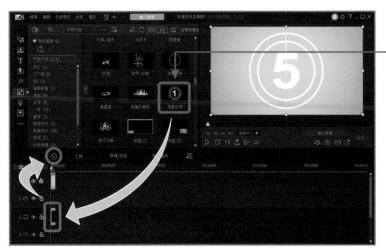

④ 拖曳捲軸，找到並拖曳圖示【倒數計時】範本到第 2 個視訊軸最前方

然後將時間設定為 5 秒

⑤ 按 ▷ 預覽一下效果吧！

 老師說

上網到【DirectorZone】，還可以下載其他倒數計時動畫範本來使用喔！
詳細步驟請參考學習影片。

注意：下載範本，需使用帳號登入。如何申請帳號，請參考 P103 下方的說明。

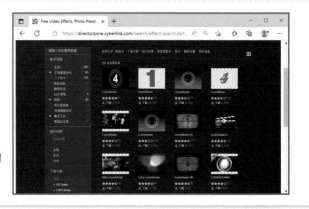

3 製作動態新聞片頭

精美的動態片頭，一下子就可以吸引觀眾的目光！讓我們上網到【DirectorZone】下載範本來使用吧！

◎ 下載片頭用的文字範本

① 啟動瀏覽器，開啟【DirectorZone】網站

接著按【登入】

> 本課示範的瀏覽器是 Windows 內建的【Edge】

② 輸入你的帳號 (電子郵件地址) 與密碼，然後按【送出】

如果你還沒有帳號密碼，就按【加入會員】，按照網頁指示，輸入資料、加入會員。成為會員後，網頁會自動回到【DirectorZone】網頁喔！

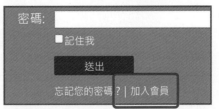

3 登入後，游標移到 🔍 上

4 到搜尋欄中輸入【Nature】，然後按【搜尋】

5 到左方選單上，範本類型
點選【文字範本】

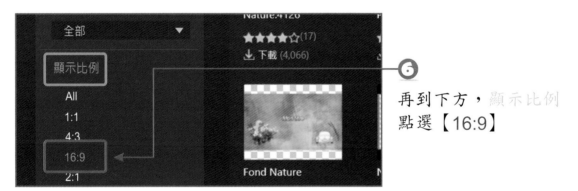

6 再到下方，顯示比例
點選【16:9】

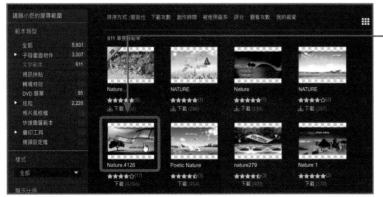

7 接著找到並點一下圖示範本 (Nature.4126)

8 按【下載】，就會開始下載這個動態文字範本囉！

9 下載完成後，按【開啟檔案】，就會自動安裝

> 若沒有出現此面板，就按一下 ↓ ，或按瀏覽器右上方的 … ，點選【下載】。

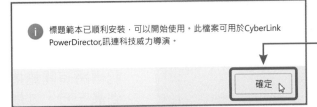

10 安裝完成，在已順利安裝訊息上，按【確定】

11 視窗回到威力導演，下載的文字範本，就會出現在文字工房的【已下載】項目中囉！

修改片頭文字

拖曳範本到第 1 個視訊軌，接在倒數的片段後面 (設定為 10 秒)

為了更清楚看到素材片段，按幾下 ➕，放大時間軸的顯示

小提示

記得將時間軸捲軸拖曳到最左方，才能完整檢視所有片段喔！

點兩下文字範本片段

先更改文字內容為【小小新聞台】

點一下文字串框線(選取文字串)後,到【字型/段落】下,做以下設定:

- **T** 字型大小 - 36
- 字體色彩 -

點開【外框】,做以下設定:

- 勾選套用【外框】
- 【填滿類型】點選【單色】
- 【外框色彩】點選 □(白色)

按住文字串框線,拖曳文字到圖示位置

新增文字

按 **+T**【插入文字】

接著輸入【動物星球系列報導】

更改文字格式設定：

-  字型大小 - 24
- 字體色彩 -

拖曳文字到圖示位置

套用特效

點選大標題 (點一下文字框線)

在【動畫 / 動畫進場】下，點選【光點進入-向下】或你喜歡的特效

點選小標題後，點選【光暈】或你喜歡的特效

> 按 ▷ 可預覽一下效果。

最後按【確定】

> 練習到這裡，預先儲存一下專案資料吧！

4 子母雙畫面與分割視訊

在電視新聞或一些節目上，常常會看到的子母重疊雙畫面，現在起，你也做得到喔！

🎯 製作子母重疊畫面

匯入之前，記得將本課練習用的【素材】，複製到專用資料夾喔！

1

按 🎵 【媒體工房 / 媒體內容】後，匯入本課練習用的所有素材

2

拖曳【小主播 - 開場.mp4】接在新聞片頭後方

3

拖曳【無尾熊01.mp4】到第 2 個視訊軌上 (如圖示)

注意：
前端需與【小主播 - 開場.mp4】對齊。

4

到預覽區上，拖曳無尾熊視訊的控點、縮小尺寸，約如圖示大小

接著按住視訊畫面，拖曳到圖示位置

◎ 分割視訊

分割一下無尾熊視訊、刪除不要的部分，就可讓它與小主播的視訊時間一樣長。

將時間軸鈕移到【小主播 - 開場】的最末端：

A 點選【小主播 - 開場】

B 拖曳時間軸鈕 ▲ 到最後

C 時間軸上的 ▼ 就會移到最末端

點選【無尾熊01】片段，按 ✏ 【分割選取的片段】

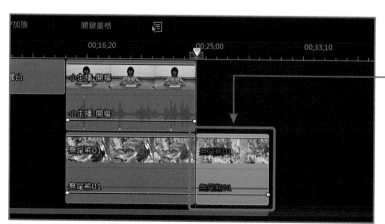

點選後半段視訊，接著按 Delete 將它刪除

5 設定片段靜音與陰影、外框

還記得在第 4 課學過從視訊分離音訊吧？！如果只想讓視訊暫時靜音(不想刪除)，可以用【片段靜音】功能！

◎ 設定片段靜音

① 在【無尾熊01】上按右鍵，點選【片段靜音】

只是靜音，不是移除喔！

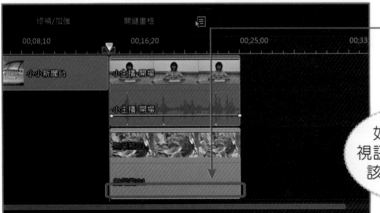

② 視訊下方音訊軌的橫線消失，表示該視訊已被靜音

如果想恢復視訊上的聲音，該怎麼做呢？

 老師說

在設定為靜音的視訊上，按右鍵，再點選一次【片段靜音】(取消勾選)，就可恢復視訊上的聲音囉！

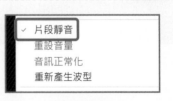

◎ 加外框與陰影

① 點兩下視訊軌上的【無尾熊01】，開啟【子母畫面設計師】

② 【內容】標籤下，勾選並展開【外框】，做以下設定：

- 大小 - 1 (拖曳捲軸)
- 模糊 - 0 (拖曳捲軸)
- 不透明度 - 100%
- 填滿類型 - 單色
- 單色 - ☐ (白色)

③ 接著勾選並展開【陰影】，做以下設定：

- 距離 - 5 (拖曳捲軸)
- 模糊 - 5 (拖曳捲軸)
- 不透明度 - 50% (拖曳捲軸)
- 選取色彩 - ■ (黑色)

④ 最後按【確定】

6 插入旁白與自動修剪視訊

報導性的影片，當然少不了旁白囉！而為了搭配旁白長度，你還可以用神奇的【Magic Cut】來自動修剪影片喔！

◎ 插入旁白

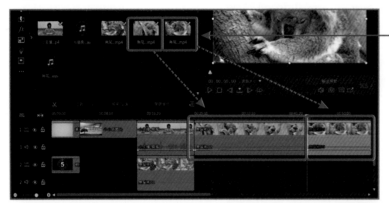

❶

循序拖曳【無尾熊02.mp4】與【無尾熊03.mp4】，排列在視訊軌上 (如圖示)

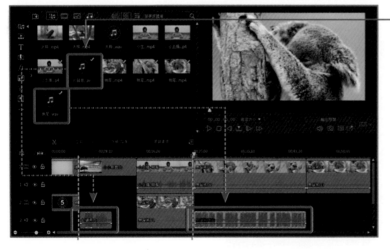

❷

依序拖曳【片頭旁白.wav】與【無尾熊旁白.wav】到第2個音訊軌的位置上 (如圖示)

◎ 用【Magic Cut】自動修剪視訊

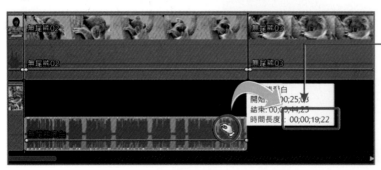

❶

游標移到【無尾熊旁白.wav】上，會看到時間長度為19秒22 (00;00;19;22)

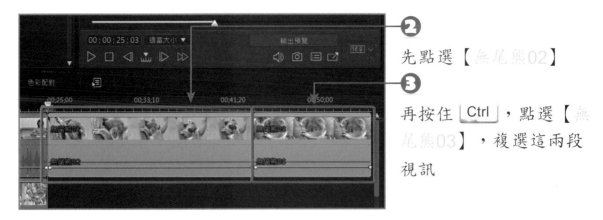

2

先點選【無尾熊02】

3

再按住 Ctrl ，點選【無尾熊03】，複選這兩段視訊

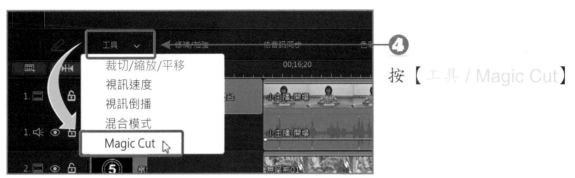

4

按【工具 / Magic Cut】

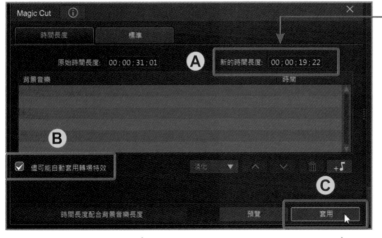

5

接著設定：

A 新的時間長度設定為【00;00;19;22】

B 勾選【儘可能自動套用轉場特效】

C 最後按【套用】

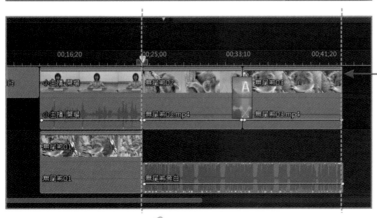

6

視訊與旁白的時間，變一樣長囉！

製作第二段報導子畫面

1

依序拖曳【小主播 - 報導
大熊貓.mp4】與【大熊貓
01.mp4】排列圖示位置

2

點選【大熊貓01】片段，
按【修補／加強】

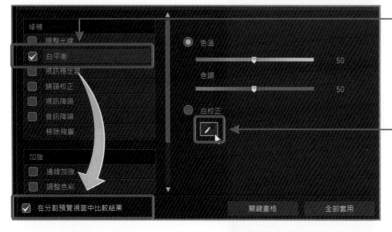

3

勾選【白平衡】與【在分
割預覽視窗中比較結果】

4

按 ![校正] 【校正】

5

游標移到熊貓白色的身體
上點一下

6 色彩顯得比較自然囉！

7 按【確定】

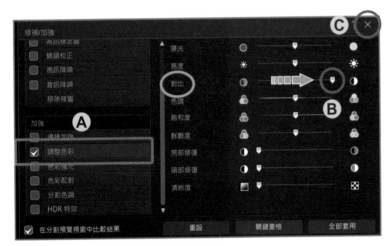

8

接著調整對比度：

A 勾選【調整色彩】

B 拖曳【對比】捲軸鈕到最右方

C 按 ✕ 關閉設定窗格

9

在預覽區縮小【大熊貓01】，然後仿照 P111～P112 技巧，設定片段靜音、外框與陰影

7 製作新聞快報

這支報導影片就快完成囉！使用內建範本、加入動態【快報】，製造一點小趣味，然後插入結尾視訊，就大功告成啦！加油！

◎ 手動修剪視訊

1

依序拖曳【大熊貓02.mp4】與【大熊貓旁白.wav】排列到圖示位置

2

點選並將游標移到【大熊貓02】最末端，直到出現

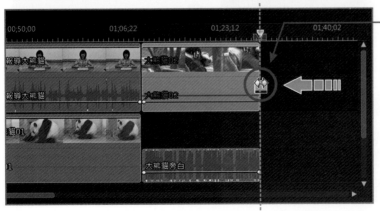

3

按住 向左拖曳，直到貼齊【大熊貓旁白】的最末端，然後放開左鍵

🎯 取用新聞快報範本與編輯

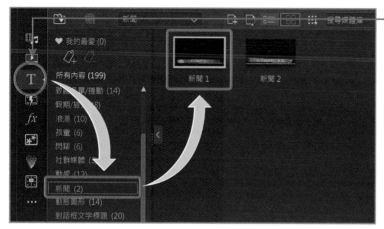

按 **T** 【文字工房】，到
【新聞】項目中，點選【
新聞 1】

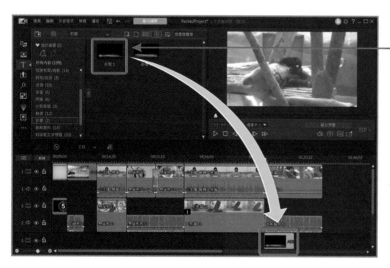

拖曳【新聞 1】範本到圖
示位置，然後點兩下開啟
【文字設計師】

小提示

預設播放時間是 10 秒，
有需要的話，可自行修改
秒數。

修改大標題文字為【可愛
的紅毛猩猩秀彩已八個月
大囉！】，並設定字型大
小為 16，再調整一下位
置如圖示

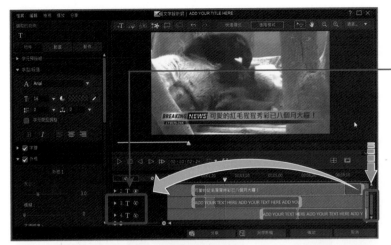

向下拖曳物件圖層捲軸，
點一下【3】與【4】項目
的 ⊙ ，隱藏該兩項文字
物件

按【確定】

最後拖曳【小主播 - 結尾
.mp4】接在第 1 個視訊
軌最後方，這支影片就編
輯完成囉！

輸出專案資料後，再輸出
影片來觀賞一下吧！

 懂更多　用威力導演錄製旁白

用威力導演就可以錄製旁白 (聲音)，不需借助其他軟體喔！方法請參考
學習影片。

我是高手 不同風格的報導影片

使用本課練習素材，用內建或下載不同的範本(有動作的)當倒數、片頭與快報，並為子畫面設定外框效果，編輯出不同風格的報導影片吧！

示範參考

關鍵字：Nature / 文字範本/ 16:9 / Titel 6642

( )**1** 想讓視訊變成子畫面，要到哪裡拖曳縮小？

　　1. 時間軸　　　　2. 媒體工房　　　3. 預覽區

( )**2** 想設定子畫面的外框與陰影，要先在片段上做什麼動作？

　　1. 點兩下　　　　2. 拖曳　　　　3. 按右鍵

( )**3** 想分割視訊，要按？

　　1. [⬌]　　　　2. [✎]　　　　3. [T]

( )**4** 想搭配旁白長度，自動修剪複選的視訊，可以用哪個功能？

　　1. 威力工具　　　2. Magic Cut　　　3. Magic Movie 精靈

6 熱血青春全紀錄
－特效綜合運用、自製圖文框、靜態字幕與文字範本

看我的
空手道

統整課程

藝術　國語　生命教育

 核 心 概 念

◎ 具備運用科技規劃與執
　行計畫的基本概念

◎ 了解並欣賞科技在藝術
　創作上的應用

◎ 能將個人想法以文字、
　圖片、影片方式表達

 課 程 重 點

◎ 學會用文字遮罩做片頭

◎ 設定轉場與炫粒特效

◎ 學會自製圖文框

◎ 練習加入靜態字幕

◎ 會用文字工房範本做片尾

精彩生活紀錄片

校園生活多彩多姿，每一刻都是珍貴的回憶！這一課就讓我們製作一支影片，來記錄這些熱血青春吧！

片頭 ▶	內容 ▶	內容 ▶	內容 ▶	內容 ▶
跳起來.jpg 8秒	01-校慶開幕.mp4 8秒	02-健康操.mp4 8秒	03-空手道.mp4 8秒	04-趣味競賽.mp4 8秒
	靜態字幕	靜態字幕	圖文框	圖文框
遮罩文字	炫粒特效	炫粒特效	炫粒特效	炫粒特效
Rag Time Player Pine.mp3 (內建的背景音樂)				

內容 ▶	內容 ▶	內容 ▶	內容 ▶
05-長笛表演.mp4 8秒	06-扯鈴練習.mp4 8秒	07-開心牧場.mp4 8秒	08-木屐村.mp4 8秒
靜態字幕	無字幕	靜態字幕	圖文框
炫粒特效	炫粒特效	炫粒特效	炫粒特效
Rag Time Player Pine.mp3 (內建的背景音樂)			

內容 ▶	內容 ▶	片尾
09-溪邊戲水.mp4 8秒	10-盪鞦韆.mp4 8秒	文字範本 7秒
圖文框	靜態字幕	
炫粒特效	炫粒特效	
Rag Time Player Pine.mp3 (內建的背景音樂)		

> 視訊與視訊間，就用酷炫的【轉場特效】切換吧！

2 用遮罩動畫做片頭

用【文字範本】來做片頭，相信大家都不陌生！其中還有一個很酷
的【遮罩】(負片文字) 範本可以用，趕快來瞧瞧！

匯入素材與編排

> 練習之前，記得將本課練
> 習用的【素材】，複製到
> 專用資料夾喔！

1 新增專案，匯入本課範例
【素材】資料夾

2 拖曳【跳起來.jpg】到視
訊軌最前方，設定時間為
8 秒

3 接著按照編號 (01~10)，
依序拖曳視訊檔接在後面

然後全部設為【片段靜音】

新增特效軌

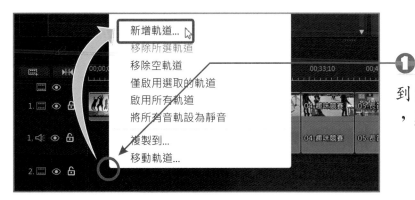

1 到第 2 軌的空白處按右鍵，點選【新增軌道】

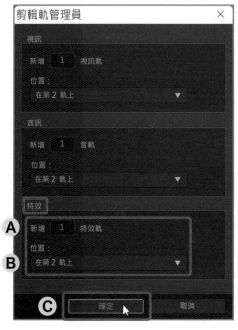

2 到【特效】項目下設定：

Ⓐ 新增【1】特效軌

Ⓑ 位置：在第 2 軌上

Ⓒ 最後按【確定】

就會新增一個特效軌

套用文字遮罩特效

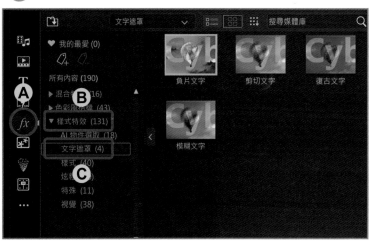

1 開啟【文字遮罩】庫：

Ⓐ 按 fx【特效工房】

Ⓑ 展開【樣式特效】

Ⓒ 點選【文字遮罩】

2⃣ 拖曳【負片文字】到特效
軌的最前方，設定為 8 秒

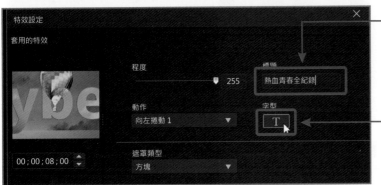

3⃣ 點兩下特效軌上的【負片
文字】片段

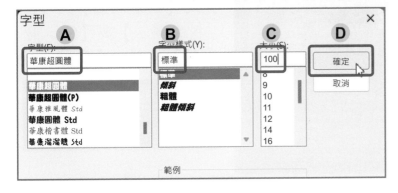

4⃣ 標題欄輸入【熱血青春全
紀錄】

5⃣ 按 T 【字型選取器】

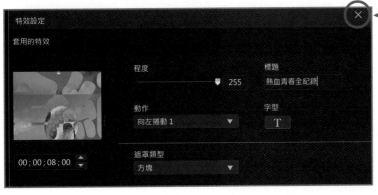

6⃣ 設定字型、樣式與大小：

Ⓐ 字型 - 華康超圓體或類似
字型

Ⓑ 字型樣式 - 標準

Ⓒ 大小 - 100

Ⓓ 按【確定】

7⃣ 最後按 ✕ 關閉設定窗格

你可以按一下影片預覽
區的 ▶，預覽一下效果
喔！

讓視覺更豐富 - 轉場與炫粒特效

從上個視訊跳到下個視訊時，可以用動畫方式來切換，就是所謂的【轉場特效】！另外還有【炫粒特效】可以讓視覺更豐富喔！

◎ 套用轉場特效

1 按 ⚡【轉場特效工房】，點開【所有內容】

再點選任一特效，即可在右方預覽該效果

2 拖曳【天崩地裂】到【01 - 校慶開幕】與【02 - 健康操】中間，套用特效

 **老師說**

點兩下視訊軌上的轉場特效，可以設定：

A 時間長度

B 行為 - 重疊 (前後片段總長度會縮短) 或 交錯 (前後片段總長度不改變)

❸ 接著再將你喜歡的轉場特效，套用到其他視訊之間吧！

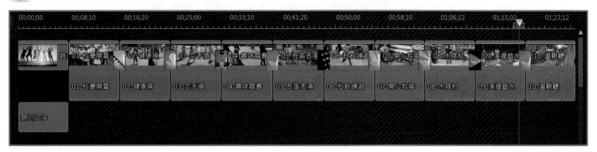

◎ 加入炫粒特效

❶

按 【炫粒工房】，點開【所有內容】

接著拖曳【碎片】到第 2 個視訊軌上：

Ⓐ 左邊對齊【01 - 校慶開幕】

Ⓑ 時間設定為 8 秒

❷ 接著將你喜歡的炫粒特效，依序加到第 2 個視訊軌上吧！
(對齊視訊、時間皆設為 8 秒)

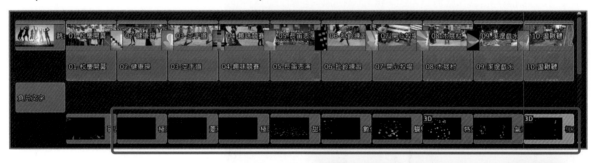

 老師說

除了使用內建的炫粒特效，你也可以下載其他特效來使用喔！

讓影片更有趣-自製圖文框

在影片上,除了可以套用特效讓它更豐富外,適度加入一些好玩的
對話圖文框,也另有一番逗趣的動漫效果喔!

◎ 新增文字範本

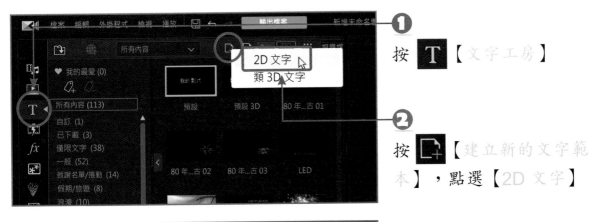

按 **T** 【文字工房】

①

②

按 📄 【建立新的文字範
本】,點選【2D 文字】

③

點一下文字框,然後按
Delete 將預設文字刪除

🖊 小提示

在【文字設計師】中,先
插入的物件,會被後插入
的物件遮住 (位於下層)。
所以,先刪除預設的文字
、插入圖片後,再新增文
字吧!

◎ 插入圖片

①

按 ✳ 【插入圖片】

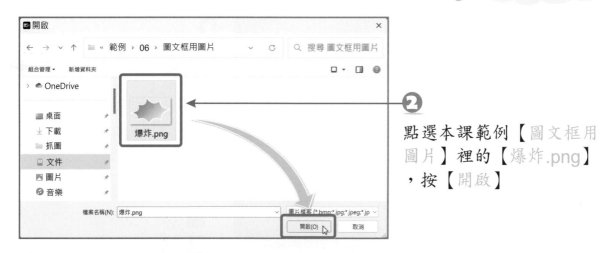

② 點選本課範例【圖文框用圖片】裡的【爆炸.png】，按【開啟】

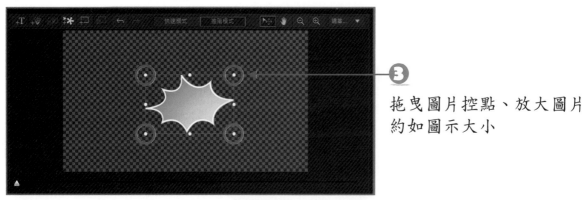

③ 拖曳圖片控點、放大圖片約如圖示大小

◎ 插入新文字

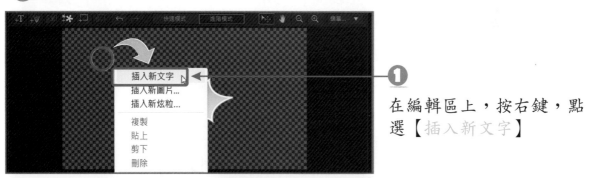

① 在編輯區上，按右鍵，點選【插入新文字】

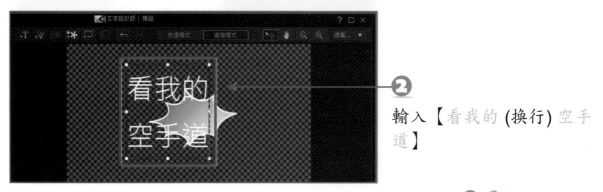

② 輸入【看我的 (換行) 空手道】

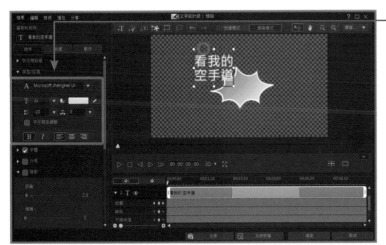

3

點一下文字框 (選取文字)
後，在【字型/段落】項目
下，做以下設定：

- 🅰字型 - 可用預設的字型
  若選擇其他字型，就需
  自行斟酌字體大小與行
  距的設定喔！
- 🔠字體大小 - 32
- ◖字體色彩 - ◻
- 🔡行距 - -20
- 🅱 → 🅱 (粗體)

4

勾選並展開【外框】，設
定顏色為 ■(黑色)

視個人喜好，
也可以設定一下
距離、模糊、
不透明度！

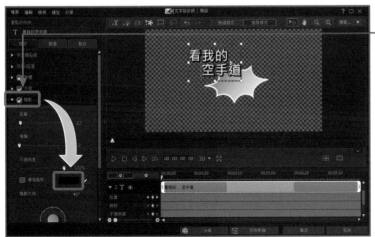

5

勾選並展開【陰影】，設
定陰影色彩為 ■(黑色)

6

在【空】字前方點一下，再按幾下鍵盤空白鍵，往右推移文字約如圖示

7

按住文字框，拖曳移動整串文字到圖示位置

8

按【確定】

9

輸入【爆炸對話】，然後按【確定】

10

【自訂】項目中，就會看到這個自製的圖文框囉！

◎ 將圖文框加入影片

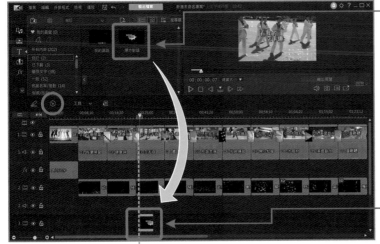

1

拖曳【爆炸對話】到【03 - 空手道】下方的第 3 個視訊軌上

前端大約對齊上方轉場特效後端，時間設定為 4 秒

2

點兩下視訊軌上的【爆炸對話】

3

從外頭拖曳框選整組圖文

4

拖曳整組圖文到圖示位置

5

按【確定】

6

拖曳【爆炸對話】到【04
-趣味競賽】下方第 3 個
視訊軌上

前端大約對齊上方轉場特
效後端,時間設定為 4 秒

7

點兩下視訊軌上的【爆炸
對話】

8

調整位置約如圖示,並將
文字內容改成【趣味競賽
(換行) 好刺激】

9

按【確定】

❿ 接著完成【08 - 木屐村】與【09 - 溪邊戲水】下的圖文框 (皆為 4 秒):

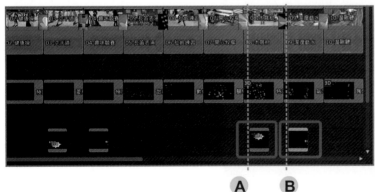

Ⓐ Ⓑ

Ⓐ 一二一二 (換行) 齊步走

Ⓑ 夏日戲水 (換行) 好清涼

⑤ 用【字幕工房】加字幕

記得在第四課用動態文字來做圖說嗎？如果畫面效果已經很豐富了，就用簡單的靜態字幕來當圖說，以免太過眼花撩亂！

1 拖曳時間軸上方的 ▦▦▦▦▦ ，顯示左方所有工房

接著按 ••• 【更多】

2 點選【字幕工房】

3 拖曳時間軸的 ▽ 到【01 – 校慶開幕】的最前端，指定字幕顯示的時間點

4 按 ➕ 【在目前的位置加入字幕標記】

5 點兩下【按兩下即可編輯】欄

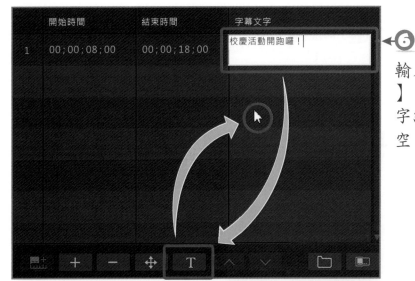

	開始時間	結束時間	字幕文字
1	00;00;08;00	00;00;18;00	校慶活動開跑囉！

6 輸入【校慶活動開跑囉！】，接著按 **T**，設定字級為 24，然後在欄外空白處點一下，完成輸入

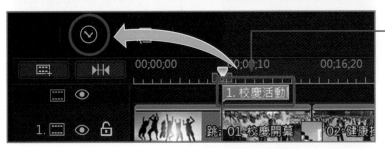

7 到時間軸點選字幕片段，設定時間為 6 秒

8 拖曳時間軸鈕到【02 - 健康操】上、轉場特效的最末端

仿照 **4** ～ **7** 技巧，製作一個【大家來做健康操！】的字幕 (6 秒)

9 接著完成【05 - 長笛表演】、【07 - 開心牧場】與【10 - 盪鞦韆】上的字幕 (皆設為 6 秒)：

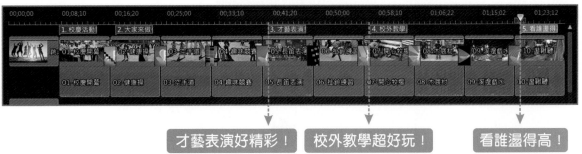

才藝表演好精彩！　　校外教學超好玩！　　看誰盪得高！

6 片尾 - 工作團隊名單

電影的最後不是都會有工作團隊的名單嗎?讓我們也來做一個這樣的片尾吧!

1

按 **T**【文字工房】,點開【致謝名單 / 捲動】

2

找到並拖曳【親親寶貝_04】接在視訊軌最後方

3

點兩下視訊軌上的【親親寶貝_04】

4

點一下文字框,然後按 Delete 將它刪除

5

按 **+T**【插入文字】

這是一個背景有動畫效果的文字範本喔!

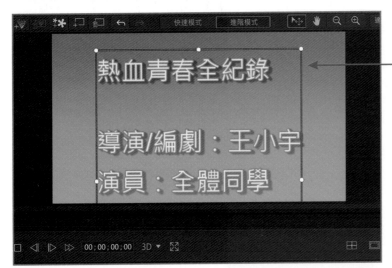

開啟老師準備的文字檔，用複製貼上的方式輸入文字後，按住文字框，拖曳到圖示位置

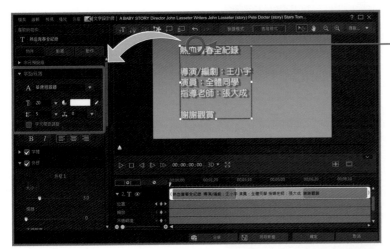

點一下文字框 (全選文字)，接著設定：

- A 字型 - 華康粗圓體或類似字型
- T 大小 - 20 或適當大小
- 行距 - 5 或適當行距

小提示

不同字型，需要設定的大小與行距，可能會不同。

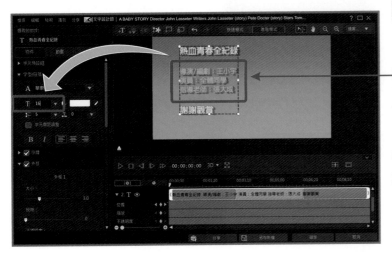

拖曳選取圖示文字串，接著更改字體大小為【16】(原則上比首行與末行小3~4級)

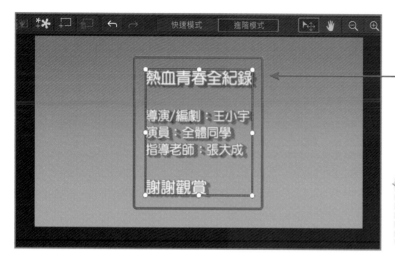

⑨ 按住文字框，拖曳調整文字到約畫面正中央

小提示

這時候還可以拖曳四角的控點，整體縮放文字喔！

⑩ 點開【動畫 / 動畫進場】

⑪ 點選【向上單飛】或你喜歡的特效

⑫ 最後按【確定】

懂更多　設定慢動作

在視訊上設定【慢動作】效果，可以讓回憶的感覺更濃厚喔！方法請參考學習影片。

7 加入背景音樂

最後別忘了加上背景音樂，這支影片就完成囉！加油！

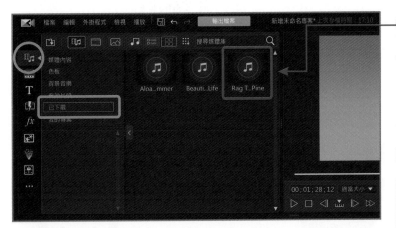

①

按 【媒體工房】，使用第三課 p70 學到的技巧，在【喜劇】類中找到並下載【Rag Time Player Pine】音樂

> 已下載的音樂都會放在【媒體工房 / 已下載】項目中。

②

拖曳【Rag Time Player Pine】到音訊軌

> 你也可以使用自己準備的音樂喔！

③

最後點選片尾這個片段，將時間設定為 7 秒，這支影片就編輯完成囉！

儲存專案資料後，輸出影片，觀賞一下吧！

使用本課練習素材，重新安排播放順序，發揮巧思，使用綜合技法，製作不同的片頭、不同的圖文框與字幕，編輯出更精彩的生活紀錄片吧！

示範參考

我想用自己拍的
生活影片當素材！

示範背景音樂：【喜劇】類 - Flapper Fringes

 練功囉

（　）1　【文字遮罩】特效，放在哪個工房裡？

　　　　1. 文字工房　　　　2. 炫粒工房　　　　3. 特效工房

（　）2　【轉場特效】應該放在視訊的哪裡？

　　　　1. 視訊上面　　　　2. 視訊中間　　　　3. 視訊後面

（　）3　想自製圖文框，要在哪個工房下製作？

　　　　1. 覆疊工房　　　　2. 炫粒工房　　　　3. 文字工房

（　）4　【字幕工房】放在哪個項目下？

　　　　1. 🔲　　　　　　2. ⬛　　　　　　3. 🔳

7 創意拼貼 Fun 電影

-影片拼貼、備份/分享與發布影片

Google Drive

YouTube

獨樂樂
不如眾樂樂！

統整課程

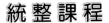
藝術　綜合　國際教育

核心概念

◎ 能認識與使用資訊科技
以表達想法

◎ 雲端服務或工具的使用

◎ 能利用資訊（網路）科技
分享學習資源與心得

課程重點

◎ 了解編輯創意視訊拼貼

◎ 學會備份影片到雲端硬碟

◎ 學會建立 YouTube 頻道

◎ 練習發布影片到你的頻道

◎ 學會建立播放清單

備份、分享與發布

獨樂樂不如眾樂樂！學會製作精彩的影片後，除了可以上傳到雲端硬碟備份、分享，還可以發布到網路上，讓大家一起觀賞喔！

除了作品，
連素材都可以
備份到雲端硬碟喔！

用同一組 Google 帳號，
Google 雲端硬碟、
YouTube 暢行無阻！

2 創意視訊拼貼

威力導演還可以結合多支影片，用【拼貼】的方式來呈現喔！非常特別又酷炫！快來做做看吧！

◎ 匯入素材與啟動【視訊拼貼設計師】

① 新增專案，匯入第二課到第六課的成果影片

② 按【外掛程式】，點選【視訊拼貼設計師】

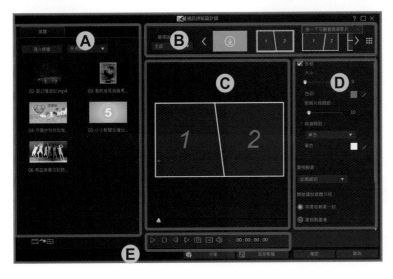

③ 視訊拼貼設計師介面：

Ⓐ 媒體 (素材) 庫

Ⓑ 模版區

Ⓒ 編輯 / 預覽區

Ⓓ 外框與播放設定

Ⓔ 預覽控制區

◎ 選擇模版與安排位置

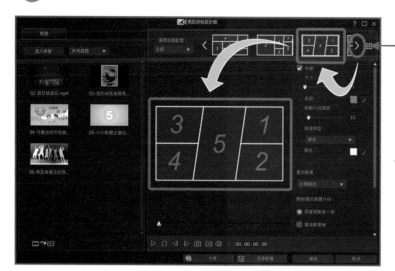

1

按 ▶ ，直到找到  模版，接著點選它

小提示

你也可選擇喜歡的模版，但想拼貼幾支影片，就要選擇幾個格子的模版喔！

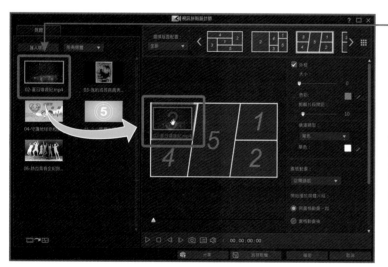

2

到媒體庫拖曳第 2 課成果影片，到左上方的格子裡

小提示

在視訊拼貼設計師中，每個格子，都稱為【畫格】；每個畫格裡，都可以放入一支影片。

3

接著陸續拖曳其他影片，安排位置如圖示

第 3 課

第 4 課

第 5 課

第 6 課

小提示

想更換畫格中的影片，只要拖曳另一支影片到畫格上，就可以取代。

🎯 聲音設定

1️⃣ 按 ▶ 預覽一下編輯成果

✏️ **小提示**

多支影片要一起播放時，一開始可能會卡卡的。只要播放過一次，再播放就會正常囉！

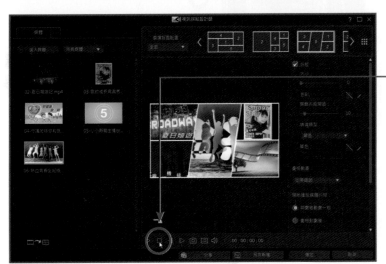

2️⃣ 所有媒體影片全部一起發出聲音！趕快按 ■ 停止預覽

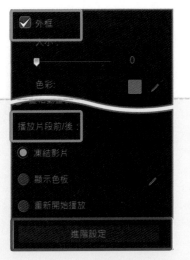

🦉 **老師說**

在設定區，可以針對外框、畫格動畫、視訊播放完後的動作...等做設定。另外，按【進階設定】，還可設定視訊的播放時間喔！

大家有空可以設定看看，再預覽一下，就會知道它們的差異。

3

先到左上方的縮圖上，按一下 🔊，設定成靜音

🔊 → 🔇
有聲　　無聲

✎ 小提示

按一下 🔇，可恢復聲音。

4

接著把圖示的影片也設定靜音 (只保留中間的影片有聲音)

5

最後按【確定】

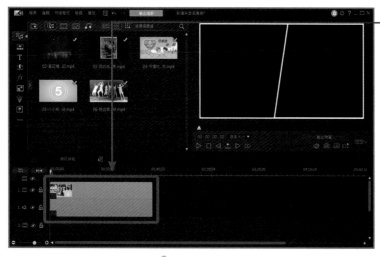

6

編輯結果會自動顯示在時間軸中

若想修改，可點兩下它，啟動【視訊拼貼設計師】繼續編修。

創意視訊拼貼已完成囉！儲存專案資料後，輸出影片，觀賞一下吧！

3 備份影片到雲端與分享

使用【Google 雲端硬碟】不僅可以保存影片、備份素材、還能隨時下載使用，更可以分享給親友觀賞或使用！趕快來學！

◎ 上傳影片到 Google 雲端硬碟

本課上網工具，使用 Windows 內建的【Edge】瀏覽器做示範練習。

1 在 Google 首頁 (www.google.com.tw)，按 ⊞，點選【雲端硬碟】

接著用你的 Google 帳號登入

2 登入後，到左上方，按【新增】

小提示

第一次登入，若出現使用說明浮動視窗，可直接按 ☒ 將它關閉。

3 點選【檔案上傳】

按資料夾上傳，可以點選、上傳整個資料夾。

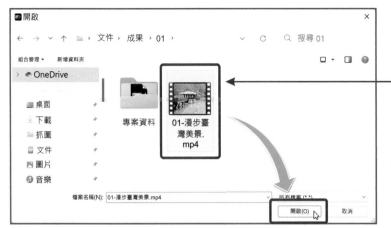

④ 點選想備份的影片，例如第 1 課的成果影片，然後按【開啟】

就會開始上傳囉！

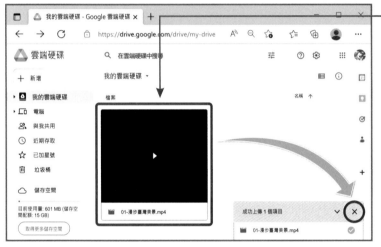

⑤ 上傳完成，會在頁面上看到檔案

接著按 ❌ 關閉上傳進度視窗

> 縮圖會由系統自己判定，若顯示為黑色，並不代表沒有上傳成功喔！

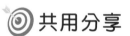 共用分享

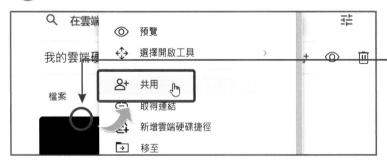

小提示

你也可以將素材備份到雲端硬碟喔！

❶ 在檔案上按右鍵，點選【共用】

 老師說

提供雲端硬碟服務的業者，除了【Google 雲端硬碟】外，常見的還有：【OneDrive】與【Dropbox】。

②
輸入對方的電子郵件信箱後，按 Enter

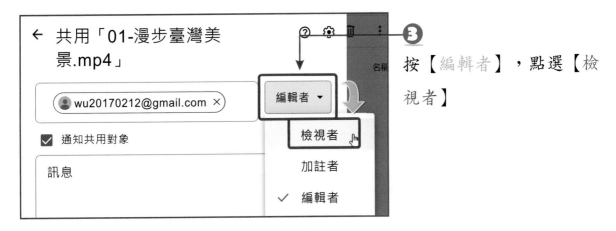

③
按【編輯者】，點選【檢視者】

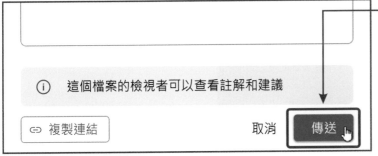

④
最後按【傳送】，就會把共用通知寄給對方囉！

小提示
利用一點時間，把其他成果影片，也備份起來吧！

觀賞分享的影片

①
登入信箱 (Gmail)，若有人共享檔案給你，就會看到一封通知信

按一下主旨，開啟信件

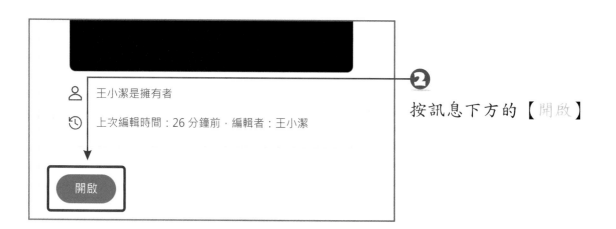

王小潔是擁有者

上次編輯時間：26 分鐘前 · 編輯者：王小潔

開啟

② 按訊息下方的【開啟】

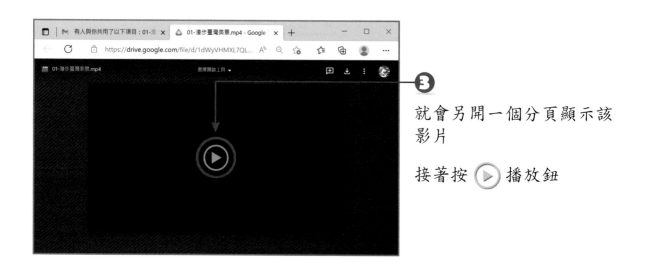

③ 就會另開一個分頁顯示該影片

接著按 ▶ 播放鈕

④ 開始觀賞分享的影片囉！

小提示

游標移到頁面右上方，按 ⊥，就可將影片下載到電腦中喔！

4 發表作品到 YouTube

網路無國界！想分享影片給更多人觀賞嗎？將它發布到全世界最受歡迎的影音網站【YouTube】就對啦！Let's Go！

🎯 登入與建立個人頻道

在 YouTube 上的【個人頻道】，就像是你的私人電視台。在個人頻道下可以建立【播放清單】，它就像電視台的各個節目。而節目內容，就是你所上傳的影片喔！例如：

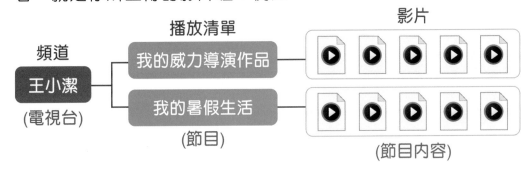

① 開啟【YouTube】首頁 (https://www.youtube.com)，然後按【登入】

接著用你的 Google 帳號登入

② 按一下右上方的帳號圖示，點選【建立頻道】

一旦建立過頻道，往後這裡只會出現【你的頻道】喔！

為了完整顯示網頁內容，或看清楚圖文，隨時可以用快速鍵來縮小 / 放大顯示網頁喔！

Ctrl + - - 縮小

Ctrl + + - 放大

3

在這裡可以自訂名稱與帳號代碼，為了方便練習，我們就先使用系統自動產生的吧！

4

接著按【建立頻道】

5

你的 YouTube 頻道就建立完成囉！

 老師說

按網頁上的帳號圖示，可以進一步進行【版面配置】、【品牌宣傳】、【基本資訊】的設定喔！

上傳影片與發布

① 到右上方按 **■**，點選【上傳影片】

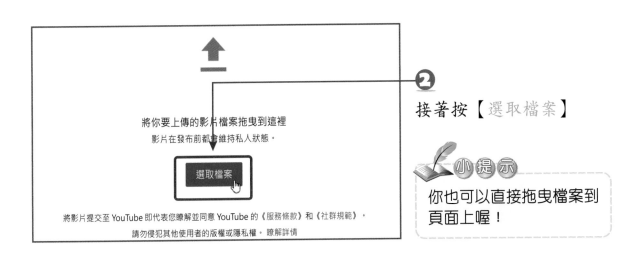

② 接著按【選取檔案】

小提示

你也可以直接拖曳檔案到頁面上喔！

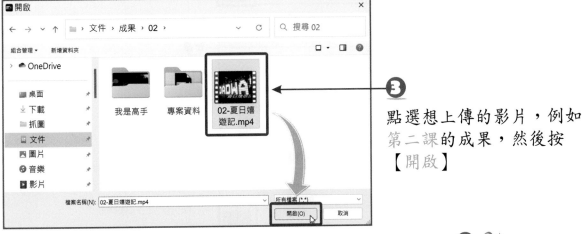

③ 點選想上傳的影片，例如第二課的成果，然後按【開啟】

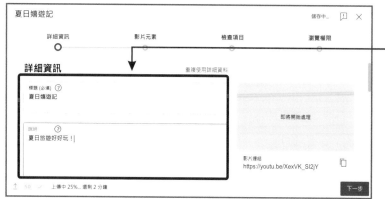

影片上傳中，要耐心等候，在左方可以自訂影片標題與說明

上傳處理作業完畢，會顯示縮圖

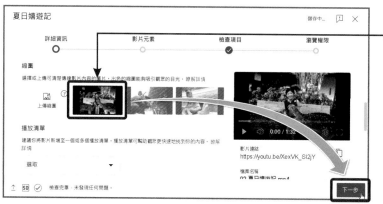

向下拖曳捲軸，點選想要的縮圖

接著按【下一步】

【目標觀眾】點選【否，這不是兒童專屬的影片】
接著按【下一步】

若點選【是，這是兒童專屬的影片】，可能有些功能會受到限制。

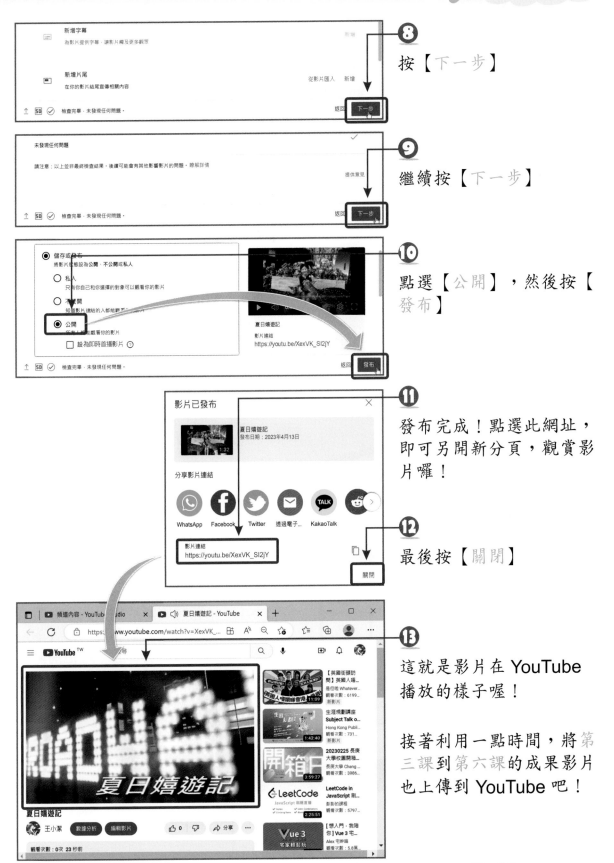

8 按【下一步】

9 繼續按【下一步】

10 點選【公開】，然後按【發布】

11 發布完成！點選此網址，即可另開新分頁，觀賞影片囉！

12 最後按【關閉】

13 這就是影片在 YouTube 播放的樣子喔！

接著利用一點時間，將第三課到第六課的成果影片也上傳到 YouTube 吧！

建立播放清單

①

選擇想加入清單的影片：

Ⓐ 按 ▣【影片】

Ⓑ 勾選影片 (可複選)

Ⓒ 按【加入播放清單】

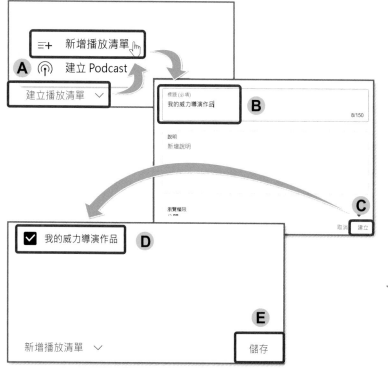

②

新增播放清單：

Ⓐ 按【建立播放清單】，點選【新增播放清單】

Ⓑ 輸入名稱，例如【我的威力導演作品】

Ⓒ 按【建立】

Ⓓ 這裡會出現播放清單名稱

Ⓔ 最後按【儲存】

小提示

建立過播放清單後，下次若想將影片加入同一個清單，就勾選影片→按【加入播放清單】→勾選清單→再按【儲存】即可。

③

按【播放清單】

④

這裡會顯示所有的播放清單。點一下清單縮圖，顯示清單中的影片

⑤

按【排序】可以選擇影片排列方式，圖示為選擇【發布日期(最新)】

小 提 示

要按瀏覽器的 ⟳，重新整理網頁後，左方的大縮圖才會更新喔！

管理影片

❶

按一下右上方帳號圖示，點選【YouTube 工作室】

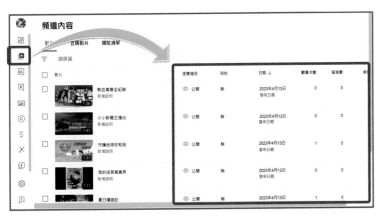

❷

按 ▶【影片】，可以瀏覽影片資料，例如：瀏覽權限、觀看次數、留言數

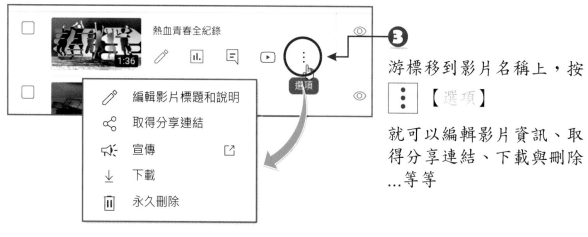

③

游標移到影片名稱上，按
⋮【選項】

就可以編輯影片資訊、取
得分享連結、下載與刪除
...等等

④

點一下影片縮圖

⑤

在此頁面，可修改標題、
說明、縮圖、瀏覽權限、
播放清單、目標觀眾...等

⑥

向下拖曳一下網頁捲軸，
點選【顯示更多】

也可設定授權方式、是否
允許留言...等等喔！

練功囉

( ) **1** 威力導演的影片拼貼功能，放在哪個選項下？

    1. 檢視   2. 編輯   3. 外掛程式

( ) **2** 使用 Google 雲端硬碟可以做什麼？

    1. 備份   2. 分享   3. 以上皆是

( ) **3** 想分享 Google 雲端硬碟的檔案，要在檔案上按右鍵，然後點選？

    1. 下載   2. 共用   3. 移至

( ) **4** 想發布影片，要在 YouTube 頁面上按哪個按鈕？

    1. ▣   2. 🎥   3. 🔔

學到這邊，從取得素材、美化影像，到企劃、編輯影片，其實一點都不難，只要發揮巧思、善用工具，威力小導演就是你喔！

你一定可以的！

威力導演 21 影片編輯

圖書編號：SA47
ISBN：978-626-95017-6-2

作　　者：小石頭編輯群・夏天工作室
發 行 人：吳如璧
出 版 者：小石頭文化有限公司
　　　　　Stone Culture Company
地　　址：臺北市內湖區康寧路三段22-1號2樓
電　　話：(02) 2630-6172
傳　　真：(02) 2634-0166
E - mail ： stone.book@msa.hinet.net
郵政帳戶：小石頭文化有限公司
帳　　號：　19708977

致力於環保，本書原料和生產，均採對環境友好的方式：
- 日本進口無氯製程的生態紙張
- Soy Ink 黃豆生質油墨
- 環保無毒的水性上光

SAVE THE WORLD
PRINTED WITH SOY INK
ECO-PULP エコパルプ

國家圖書館出版品預行編目(CIP)資料

威力導演 21 影片編輯
小石頭編輯群・夏天工作室 編著
- 臺北市：小石頭文化，2023.04
　　　面；　公分
　ISBN 978-626-95017-6-2 (平裝)

1. CST：多媒體　　2.CST：數位影像處理
3. CST：影音光碟

312.8　　　　　　　　　112004225

定價 320 元 ・ 2023 年 04 月　初版

書局總經銷：
聯合發行股份有限公司
電話:(02) 2917-8022

學校發行：
校園文化事業有限公司
電話: (02) 2659-8855

零售郵購：
服務專線:(02) 2630-6172